你活得很累，都是自我厭惡害的

前言

本書是針對自我厭惡進行的思考總結。所謂的自我厭惡，就是被「為什麼我會做出那種事」、「為什麼我這麼醜陋」、「我真的是個沒用的人」……等想法淹沒，變得超討厭自己的那種情緒。或許大家會覺得，思考這種事又能怎麼樣？

我自己也苦陷於「自我厭惡」的情緒超過半世紀，而且非常強烈。從孩提時代開始，我會一連好幾年不斷回想起雞毛蒜皮般的小事，常出現必須強忍住，才能不高聲大喊的激烈症狀；更痛苦的是，我很討厭自己的臉，尤其是吊眼梢的三白眼、嘴角下垂的八字嘴，這不斷折磨著我。我討厭自己的原因多得無以計數，自我厭惡感不停地向自己襲來。

我從十幾年前就開始正視這個問題，而由於我是個除了思考之外，什麼都不會的人，所以便試著更徹底思考了自我厭惡這件事情。結果不可思議的事發生了，我身上的自我厭惡感消失了，雖然不是完全消失，但還是讓我變得很輕鬆。

這花了我很長的一段時間，而且不單是改變想法而已，最終我還捨去男性的模樣，選擇發展成女性的模樣。當然，思考還是具有決定性的重要性。我想盡量用簡單的方式，向大家說明我在這段過程中思考的東西。希望能協助大家都擁有平安的生活。

二〇一六年七月　　安富步

序章

不是因為比不上別人才會感到自我厭惡

第一章

愛戀篇：自我厭惡是怎麼引起的？

第二章

職場篇：為什麼自我厭惡會導致工作不順？

第三章
親子篇：自我厭惡的真面目？

第四章
生存篇：邁向自愛之路，所能做的事

結語

序章・不是因為比不上別人才會感到自我厭惡

自我厭惡並不是做了什麼的後果，而是明明什麼都沒做，
那種厭惡感卻還是在前方等著。

Question

Q・為什麼會感到自我厭惡？

自我厭惡是在什麼時候產生的呢？

明明禁菸，但是自己卻抽菸了──自我厭惡。

不敢跟自己喜歡的人好好說話──自我厭惡。

無法滿足周遭人們的期待──自我厭惡。

我過去以為，自我厭惡感就是感覺到自己「做了什麼好事（壞事）」之後的結果。不過在幾經思索後，我認為結論並非如此，這是最重要的發現。

自我厭惡並不是「做了什麼的後果」，而是明明什麼都沒做，自我厭惡卻還是等在前方──這就是問題的本質。

自我厭惡不是結果，而是原因，而且還是「諸惡的根源」。

answer

A. 因為本來就有自我厭惡感，才會感受到自我厭惡

以剛才的例子來說，一個人本來就有著自我厭惡，只是因為自己做了「在禁菸的地方抽菸」這件事，而讓自我厭惡之情浮現出來。

同樣地，本來就有自我厭惡，並因為「不敢跟自己喜歡的人好好說話」而跑走，讓人感受到自我厭惡；本來就有自我厭惡，因為「試圖勉強自己滿足期待，但還是無法達成」而讓自我厭惡感滿溢……就是這種情況吧。

我這麼說，或許大家無法馬上相信，不過請大家不要在這個時候把書丟開，為了自由舒適地生活，讓我們一起思考如何脫離自我厭惡吧！

Question

Q．討厭不會看氣氛的自己

不知道從什麼時候開始，「看氣氛」這個字變得很普遍，比方說「那傢伙超不會看氣氛耶！」、「要是會看氣氛，就不會說那種話了吧！」……等。

在團體中因為懂得察言觀色而獲得肯定，我覺得是很恐怖的事。因為不想被周遭的人討厭、因為害怕被排擠、因為不想被當成很遜的人、不想跟人起爭執……，「看氣氛」也是因為「本來就有自我厭惡」。

本來心中就空著一個自我厭惡造成的「洞」，是為了填滿這個洞而去「看氣氛」的。

answer

A. 看氣氛，是讓自我厭惡感惡性循環的一部分

自我厭惡強烈的人每天都會感到不安，他們總覺得真實的自己「欠缺了什麼」，為了補足這一點，非得做出對人有益的事情不可，所以才會去看氣氛。

「看懂氣氛，順利和別人相處，就感受不到自我厭惡了。」他們總會這麼認為。可是，人本來就無法完美地弄清楚周遭的所有狀況。假設有一個團體，其中每個人的意見和想法都不同，用「氣氛」這個字眼將整個團體的氛圍視為「一體」，本來就不可能。「氣氛」根本不是實際存在的東西，說是幻想也不為過。

而且自我厭惡強烈的人，會過度看重那些讓自己感到自我厭惡的言行、檢視自己的一舉一動，拚命挑出自己「不好的部分」。以這個案例來說，就是太過在

意「看不懂氣氛時的自己」。

氣氛本來就不存在，要看是不可能的，不僅如此，還一直監視著看不懂氣氛的自己。

結果，越是想試圖看懂氣氛，就越是感受到強烈的自我厭惡。因為有「自我厭惡的洞」，才會試圖看懂氣氛，並苛責不懂察言觀色的自己，讓「自我厭惡的洞」擴大。當然，這種狀況不只限於「看氣氛」。

因為有自我厭惡，才會採取不恰當的行為，但又一直在意自己「不恰當的行為」，而使自我厭惡增加，這是惡性循環吧！我認為其實很多活在現在日本社會的人，都陷入了自我厭惡陷阱的惡性循環之中。

在聖修伯里的《小王子》中，小王子拜訪其他星球時，曾和住在某個星球的酒鬼有這樣的對話。

「你為什麼喝酒？」小王子問。

「為了要忘掉。」酒鬼回答。

「忘掉什麼？」小王子追問他，一邊可憐他。

「忘掉我的可恥。」酒鬼坦白地說，同時低下了頭。

「可恥什麼？」小王子問他，一心想救他。

「喝酒可恥！」酒鬼說完他的話後，一言不發，像掉進沈默的深淵。

酒鬼其實苦於自我厭惡。為了混淆這種感覺，才一直喝酒，這就在他心中形成了「喝酒↓可恥↓喝酒」的惡性循環，這種狀態就叫做「被酒吞噬」。像這樣陷入惡性循環的陷阱，被自我厭惡吞噬的狀態，就是自我厭惡的真面目。

從下一章開始，我會談到陷入這種自我厭惡的陷阱後，會造成什麼樣的狀況。

第1章・

愛戀篇

自我厭惡是怎麼引起的？

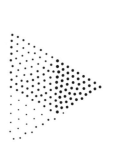

戀愛不是自己能控制的。瞭解這一點之後，
才能體驗真正的戀愛。

Question Q・在憧憬的人面前會產生不安

我們先來談談自我厭惡對戀愛造成的影響。為什麼要先談戀愛？因為戀愛是一對一的人際關係，而且非常緊密。關於這個問題，說到底「憧憬的人」這個觀點本身，就是不幸的開始。原因就在於此觀點是從自我厭惡而來的，如果沒有自我厭惡，就不會產生憧憬。

「對很棒的人懷有憧憬不是天經地義的嗎？」、「為了更靠近憧憬的人，我們才會讓自己變得更好吧？」應該也有人會對有如此想法感到不可思議。當然，喜歡上一個人是很棒的事。可是，喜歡和憧憬是不一樣的。舉例來說，和喜歡的人在一起的時候，我們的內心會充滿安心感，可以跟喜歡的人在一起，應該會讓從心底感到喜悅；而和憧憬的人在一起，我們的內心會感到興奮、緊張、不安，總而言之就是靜不下來，就算分開了，心情還是會沒來由地混亂、動搖。

在日文之中，「憧憬」這個字的意思就是迷失自我。其語源是「あくがる」這個動詞。根據《[1]學研全譯古語辭典》的解釋如下：

あくがる【憧る】

①心靈離開肉體徘徊。漫不經心。

②漫無目的地出走。徬徨。

③心離開。疏遠。

對了，[2]和泉式部的最高傑作短歌《後拾遺一一六二》中，有這麼一段話：

思念時，連在小河邊飛舞的螢火蟲亮光，都看成從自身出竅徘徊的靈魂。

這句短歌的意思是：「為了思念你而苦惱，讓我把小河邊飛舞的螢火蟲看成了從我身體出竅徘徊的靈魂。」多麼強烈的情歌啊，真令人頭暈目眩。就像這樣，

「あくがる」這個動詞在日文的意思其實不是很好。在前述的辭典中還標有：「本字是現代文『憧憬』的源頭，但在辭意上，用法與現代文不同。」這樣的註釋，不過我認為並非如此。即使在現代，憧憬還是有「靈魂離開自己的身體，被其他東西吸引的狀態」的意思，只不過是我們一廂情願地把它想成是好事罷了。

在現今，人們總認為憧憬某樣東西，並為獲得這樣東西而投注心力是件好事，但我認為這是非常危險的。而且，在我們憧憬某個人的時候，並不會看見這個人真實的一面。最好懂的例子就是藝人，當憧憬藝人時，我們並不是因為知道對方的真面目而憧憬，他們是透過在自己身上創造出人們想看的「形象」，來吸引粉絲的興趣，並靠著這麼做來獲得金錢。能瞬間掌握人們期望的形象，並在自己身上表現出來，這是非常了不起的能力，但**不管我們再怎麼憧憬，也無法遇見他們真正的內在**。

我們會將「他應該會這麼想」、「他應該有這樣的一面」等擅自想像的「對方形象」強加在對方身上。用心理學術語來說，這叫做「投射（projection）」。那麼，為什麼會發生將「擅自想像的形象」強加在對方身上的情況呢？**這其實是「在對方身上尋求自己缺陷之處」的代償行為**。苦惱於自我厭惡的人，會下意識地在意「自己的缺陷」，並試圖利用憧憬對方來掩飾這些缺陷，以期可得到這些自己所欠缺的東西。

1．一九八九年十一月日本講談社出版的圖書。內容圖文豐富，附錄全面，解釋精確。

2．和泉式部為日本平安時代著名歌人，和歌被收錄在《百人一首》，為平安時代三大才女之一。

answer

A．看氣氛，是讓自我厭惡感惡性循環的一部分

厭惡自己肥胖的人，可能會將「身材很好的、很棒的人」這個形象強加在憧憬的對象身上；厭惡自己長相不佳的人，可能會將「相貌姣好的、很棒的人」這個形象強加在憧憬的對象身上；厭惡自己頭腦不好的人，可能會將「頭腦聰明的、很棒的人」這個形象強加在憧憬的對象身上；厭惡自己沒錢的人，可能會將「有錢的、很棒的人」這個形象強加在憧憬的對象身上；厭惡自己沒有才華的人，可能會將「才華洋溢的、很棒的人」這個形象強加在「憧憬的對象」身上。

而且，他們會在心底認為，如果能跟擁有「自己所欠缺部分」的這個憧憬之人打好關係或是討對方喜歡、獲得對方認同，應該就能逃離這種厭惡自己的感

情；他們還會為了讓憧憬的人喜歡上自己，拚命地偽裝，因為他們覺得，連自己都討厭自己了，別人怎麼會喜歡上自己，於是便在自己身上創造出「對方可能會喜歡的形象」。

大家不覺得這樣很累嗎？

Question Q・為什麼問題在於「有憧憬的心」？

「在他人身上尋求自己的缺陷之處有什麼不好？我還是搞不懂憧憬到底哪裡有問題？」我想應該有不少人是這麼想的，但我想先說一下，就像我一開始提到的，自我厭惡不是結果，而是原因。並不是因為身材過胖產生自我厭惡，也不是因為長得抱歉而產生自我厭惡，更不是因為頭腦不佳、口袋空空、欠缺才華才會導致自我厭惡，而是**因為內心破了一個大大的「自我厭惡的洞」，也可說是「欠缺自我肯定感」**。

感到自我厭惡↓尋找理由↓說服自己是因為身材過胖或長相抱歉、頭腦不佳、口袋空空、欠缺才華而導致，像上述這樣只不過是事後找理由而已。**這個自我厭惡的破洞，並不會因為獲得他人認可就被填平，解決辦法就只有正視自己**。

因此，就算所憧憬的人再怎麼認可你，自我厭惡也不會消失。也就是說，你為了讓憧憬的人對你有好感所做的努力，結果只會是徒勞無功而已。

answer

A・所憧憬之人是不會拯救你的

當你陷入自我厭惡的陷阱時，一定無法平靜下來，內心只會是一片混亂。

也許你會覺得我說的話難聽，但是如果不抱持這種想法，你就無法獲得真正的「自由」。

思考一下實際的戀愛關係後，應該會更好懂。舉例來說，一個人心中有自我厭惡的洞，另一個人則能接納、喜愛自己，後者這種人會愛著自己，也就是「自愛」。

在此，我想先跟大家解釋一下「自愛」跟「自戀」是不一樣的。《[3]三省堂大辭林》上面是這樣寫的：**自愛等於珍惜自己**，自戀則是自我陶醉者。而關於「自我陶醉者」字詞，上面又寫著這些解釋：

①陶醉於自己的容貌，有把自己當成性愛對象的傾向。自戀。精神分析術語，源自希臘神話的納西瑟斯。

②驕傲自滿。自我陶醉。

這樣大家就能瞭解自愛跟自戀的不同了。自戀就是自我厭惡的相反，無法「自愛」、受自我厭惡所苦的人拚命尋找自己的優點之後，突然變成自信滿滿的「自戀」，這是非常不穩定的自信，永遠需要別人的認同，只要稍微無法滿足，就會分崩離析。

相反地，自愛的人則愛著真實的自己，並且珍惜和自己有關的人。因為人是社會性動物，為讓自己得到支持，一定會需要能信賴的人，這當中沒有「利用對方來填補自我厭惡的洞」的意圖，因此不可能將「擅自想像的形象」投射在對方身上，也不會憧憬別人。

若能接受真實的自己、也接受真實的對方，就能維持心靈的平靜。用最真的

3．日本的三省堂所發行的中型日語辭典，目前與岩波書店的《廣辭苑》併為日本最主要的兩部中型日語辭典。

一面交往、盡情享受兩人共處的時光，就算關係進展得不順利，彼此也都能接受這個現實。到了這個地步也許還有改變的可能，但倘若做不到的話，走上各自的路也無妨。

另一方面，由自我厭惡發展出的關係，會將「擅自想像的形象」強加在對方身上，所以對方的反應是否符合這個擅自想像的形象，就會左右我們的心情。這種類型的強加要是進展不順利，會有兩種後果：一種是認為「反正我就是討人厭啦，我自己知道」，並因此加重自我厭惡的程度；另一種是不相信進展不順利的現實，一廂情願地深信「一定會順利發展」，後者如果就這樣自我膨脹下去，之後就會演變成恐怖情人。

手段比較高明的人，會不讓對方看見真實的自己，而是讓對方喜歡上偽裝的自己，若朝這個方向發展，等待著的就是精神虐待或親密關係暴力等毀滅性的戀愛關係。這種人就算跟自己理應喜歡的人在一起，心靈也無法平靜。

此外，**偽裝自己所產生的壓力，也會讓自我厭惡不斷增加**。這種源自於自我厭惡的戀愛，其實並不是戀愛，這是為了填補自己所欠缺的東西而試圖佔有對方的執著，最終只會成為支配（等同於被支配）的關係。如果對方是自愛的人，應該會覺得這種自我厭惡的人怪怪的，不可能被吸引，戀情也會就此結束。

那麼，假使彼此都是為自我厭惡所苦的人，又會怎麼樣呢？如果雙方一開始就啟動「反正我就是不行」模式，則不會發展為戀情。自我厭惡的人很害怕向對方表達心意後遭到拒絕而受到嚴重的傷害（其實只是自己原本就有的傷口開始發疼罷了），所以很難踏出第一步，往往會啟動「反正我就是不行」模式。

然而，如果雙方都有著類似的傷口，彼此之間就會有種電流通過的感覺，深受對方吸引。**因若是擁有同樣的傷口，兩個人就是同類、這個傷不會成為兩人之間的問題，在一起反而會非常輕鬆**。

舉例來說，不曉得為什麼，我很常遲到，如果是跟同樣常遲到的人約見面，就算其中一人遲到了，也不是什麼大問題，所以很輕鬆。不過，如果愛遲到的人跟超討厭遲到的人交往，就會爭吵不休，非常辛苦。因此，愛遲到的人自然就會混在一起，很歡樂地說些「不遲到的人真的很蠢欸」之類的話。

這不只限於戀愛，可說適用於所有的團體形成。**擁有同類傷口的人聚在一起，互舔傷口、互相將傷口正當化，我認為這就是人類這種靈長類的習性**。但這種互舔傷口的關係存在著很大的問題，就是他們很討厭這個傷口，所以他們其實也很討厭對方的傷口。因此這樣的戀愛基礎，就是種基於互相討厭的心態。雖然是因為同樣的傷才互相被吸引的，但也可能因為傷口而互相憎恨，最後就會發展出悲劇性的關係。

answer

A

由自我厭惡而起的戀愛，是彼此互相討厭

只是喜歡上彼此「擅自想像的形象」，而不是喜歡「真實的對方」，我們就把這種情感稱為盲目的愛情。這種投射式愛情，由於本來就不喜歡對方，當然不可能順利發展。而且，兩人的傷口正是兩人的羈絆，所以絕對無法改善、治癒。也因為如此，雙方的傷口將會維持原狀，互相憎恨也會維持原狀。

Question

Q・盲目的愛情持續下去會怎麼樣？

兩個自我厭惡者的盲目的愛情，並不會馬上出問題然後走向結束，應該說，要是能立刻結束還比較好。很多案例都是他們將偽裝的形象強加在彼此身上，在互相傷害的情況下不斷持續。原因大致有：

・長年交往、投資了許多時間，所以分手的話很可惜。
・難以捨棄對方的優勢（金錢、外貌、社會地位……等）。
・在經濟上依賴對方，所以無法分手。
・兩人之間有孩子，所以無法分手。
・認為反正戀愛就是這樣。

他們都因為各式各樣的理由而感到痛苦，卻仍持續交往下去，不對，應該說無法抽身。倘若是基於自愛的戀愛，如果感到發展不順利、交往得很痛苦，當事人就會在當下選擇讓自己變輕鬆的路。但若是基於自我厭惡的戀愛，本來就不是跟真實的對方交往，只是跟自己擅自創造的形象交往，因此會無法看清現實。

常有這樣的案例：先是彷彿天勾動地火般熱烈地交往，不久之後雖然清醒了，卻盲目地先覺得，明明自己那麼喜歡對方，所以應該不會變成這樣；接著再想，如果結婚的話，可能又可順利發展了，那就結婚吧。

結婚之後當然不可能改善，不過即使心情鬱悶，仍然會想，如果生了小孩，應該還是能改善，於是便生了孩子。但生下孩子，還是無法改善兩人的關係，所以又再次陷入低潮，並認為那就把期待放在孩子身上，或是因覺得只要買房子，應該就會穩定下來而背上房貸，就此無法從討厭的公司離職，也更無法離婚了……。

如此幾經風霜、長年掙扎到最後都還是失敗，結果，「對方真的是個很討厭的人，我好討厭他」這個無法動搖的事實因而成為沈重的負擔，然後為了填滿這個自我厭惡的洞，執著的對象就會轉移到孩子身上。亞洲孩子雖會一心努力滿足父母親的期待，但等到孩子離巢時，家中就只剩下退休後無所事事的礙眼丈夫跟年邁的妻子，在這個節骨眼選擇分手的，就是所謂「熟年離婚」的人們，而且，這還算好的。

要是沒在這個時候放棄，接下來就會將「必須以恩愛夫妻的形象步入老年生活」等擅自想像的形象強加在自己身上，想要乘船環遊世界或是買別墅，若孩子早點結婚，就逼他們生孫子，用照顧孫子來打發時間。如此到死之前都是不斷空轉，只能用孽緣來形容。很恐怖，但這其實就是一般的夫妻。

年輕人可能已經不知道了，在很久以前我還是小孩的時候，英國有一個非常厲害的樂團，叫4披頭四。在他們的作品中，有一首歌是《When I'm Sixty Four》。這首歌是描述年輕男孩對女友說著兩人的未來，並向女友求婚的情歌。不過內容其實非常奇妙：

「距今好幾年後，我變得更老、頭髮變得更少的時候，妳還會送我情人節卡片跟葡萄酒作為生日禮物嗎？」

求婚就在這麼掃興的感覺下開始，接著描述遙遠未來的無聊日常。副歌則是如此悲傷的句子：「妳仍會需要我，為我做飯嗎？當我六十四歲的時候。」歌曲

4．披頭四合唱團（The Beatles），於一九五七年在英國成立的搖滾樂樂團，為二十世紀經典文化的一部分。對國際流行音樂的影響甚鉅，被廣泛地承認為史上最偉大、最有影響力的搖滾樂團。

中，「為我做飯」的原文用的是「feed」這個動詞，這是「餵」貓時用的字。最後不曉得為什麼，這場求婚好像還用明信片附上回信，就像商品的用戶登錄卡一般，還設有回答欄位：「請將妳的回覆寫在明信片上。讓我聽聽妳的意見。請正確地告訴我妳的想法。將答案填在這一欄。」然後就這樣結束了。

這麼糟糕的歌詞配的卻是可愛、歡樂的旋律，真的是非常英式的名曲。順便告訴大家，我以前打電話到東京大學招生組時，轉接時播放的音樂就是這首歌，當時讓我大笑不已，心想該不會是警告想考東大的人，要是考上東大，就會遇到這種事吧？

沒有以自己真正面貌與人相愛的喜悅或安心感，也不是真的體貼對方心情的愛情。為了不陷入這樣的狀況，我們該怎麼做才好呢？

Question

Q・什麼是真正的戀愛？

將自己的人生浪費在這種孽緣般的關係上，真的荒謬透頂，所以絕對不能這麼做。就算你的雙親或祖父母現在的情況就是這樣，你也萬萬不行。那為了不變成這樣，究竟該怎麼做才好呢？

真正的戀愛，是從豐富的人際關係中開始的，**在一起很快樂，很舒適，很放鬆，只有這種心靈平穩安定的關係，才能長長久久，也才是戀愛**。乾柴烈火、臉紅心跳、興奮難耐、緊張刺激……等情緒本來就不可能持久。在心靈穩定的關係中，互相感受到對方的好感，戀情才會開始。假使在建立人際關係之前就先擅自想像「這個人一定是這樣的人」，並且單戀對方，這就完全屬於盲目的愛情。

長年單戀的人不會去看對方的感情，他們其實只是假裝看著對方而已。為什麼不會去看對方的感情？自我厭惡的人因為討厭自己，所以也會無意識地、一廂情願地認為「其他人一定也討厭自己」。會這樣想也是理所當然，因為他們不可能相信別人會喜歡自己討厭的東西。因此，他們也無法正視對方的感情，並且害怕去確認「自己被討厭」，所以當然無法告白（畢竟對方一定會討厭自己），這就是讓單戀持續的關鍵。

不僅如此，他們還會為讓自己不受傷，而去觀察對方的情況，當覺得「這個人應該沒問題」時，就會採取行動，或是盡量引起對方對自己的興趣。當對方喜歡上自己後，再抓住對方。彷彿像瞄準獵物的狩獵一般，真的令人毛骨悚然，不過很多人都覺得戀愛就是狩獵。

那麼，該如何談真正的戀愛呢？很簡單。表達自己的心意，並且傾聽對方的心意。就只有這樣。而光是這麼做，就能脫離盲目的孽緣愛情了。

answer

A・能正確表達自己心意的戀愛

或許有人會如此反駁：「才沒那回事，女性主動告白的戀情絕對不會順利，戀愛攻略本上都有寫啊！」但，戀愛攻略本不是「戀愛的書」，只是為達成盲目愛情的「狩獵指南」而已，上面寫的都是怎麼樣才能在不傷害自己的情況下，獲得自己執著的對象。

要談真正的戀愛，只有表達自己的心意這個方向，很可怕吧！畢竟我們無法控制對方的反應，就算說了「我喜歡你」，得到的答覆也有可能是「很抱歉」。

可是，**投身於這種無法控制的狀況才是最重要的**，若光只是盲目的愛情，就會對對方很執著，執著是因為盲目地認為可以控制對方，但在告白之後，自己就不能站在控制對方的立場了。

戀愛不是自己能控制的。瞭解這一點之後，才能體驗真正的戀愛。

Question
Q．找到高人一等的戀人就是人生勝利組？

就算被人家鼓勵著去告白，自我厭惡的人還是很難做到。因為他們會覺得：「像我這種人要是告白了，對方應該會很困擾吧？」。我們認為戀愛市場上有各式各樣的排行榜，例如：長相好看比較好、有錢就會受歡迎、不年輕就不行了……等。所以，當存有「告白之後，就會徹底知道自己的行情有多差，我不要。」這種想法，當然就會無法告白。

然而，排行榜這個想法本身，就是最強的「自我厭惡模式」。人本來就沒有等級之分，我們雖可以針對人們的一部分特質來排名，例如身高、體重、跑百米的速度、考試成績……等，但這只不過是對這些被選擇出來的特質進行的比較罷了，跟人格本身的價值毫無關係。

戀愛是人際關係的一種，主要應建設於彼此之間的關係，和這個人部分特質的排列順序毫無關聯。豐富的人際關係，只能靠雙方創造性的對話來形成，屬性的比較是毫無意義的。

answer

A・等級意識會讓真正的戀愛遠離你

條件不同，就無法比較，就像橘子跟蘋果的優劣，根本無從比起。喜歡橘子的人會選橘子、喜歡蘋果的人會選蘋果，就只有這樣。即使都是橘子，要比較也很難。將等級意識帶進戀愛裡的人，會以「所有的人都能比較」為前提，把在百貨公司挑衣服的感覺放在自己身上。有魅力的衣服很快就賣掉了，但是像自己這種乏味的衣服，一定賣不掉。

這種感覺和消費主義有很大的關係。在社會上充斥貨幣之前，物和人之間有很強烈的關係，人們無法隨便賣掉自己細心栽培的作物，或是努力創作的作品。打從一開始就以銷售為目的來製作商品，是到近半世紀才開始變普遍的。

我小時候，人們常去家附近的菜販買東西，不假思索地直接購買陳列出來的蔬菜，在那時是很自然的事情。這也相當於人際關係中的物品交易。而現在卻有著大量且多樣化、來源不明的蔬菜，在不知道是由誰、怎麼經營的超級市場販售，甚至還能用網路買蔬菜，全國各地的當季蔬菜組合包都可以訂購得到。

在這樣的狀態下，我們是不是陷入「選擇越多就越自由」的錯覺了？**以人際關係來說，這樣的想法是不適用的。人際關係的重點，不是在於對方的「等級」或是選擇有多少，而是碰巧邂逅的兩人之間，能產生富創造性的關係。**

Question

Q・如何不讓自己陷入孽緣？

陷入自我厭惡而被捲入盲目愛情的人，能不能察覺自己的狀況呢？其實非常難。我會這麼說，是因為對這樣的人來說，無法想像還有其他的戀愛方式，所以要意識到自己的狀況「好像有點奇怪」是很困難的。

那這種人能在什麼情況下改變認知呢？我想，恐怕是碰到什麼討厭的事而停下來的時候。在覺得「對方應該會這麼做，但是卻沒有這麼做」的時候，不要感到絕望，也別試圖控制對方或是覺得錯在自己。應該要好好檢視對方，並去思忖：「這個人究竟是誰？」，然後冷靜地接受現實，事態應該就會好轉。

answer

A・看著真實的對方

人際關係只要不是建立在彼此的真實面貌上，就不可能安定、有創造性，在虛像上的關係只會因為無止盡的偽裝而感到疲乏。只有雙方都接納現在的自己和對方，戀愛才會開始。由自我欺瞞、互相建立虛像而生的關係，其實不是戀愛，而是「偽戀」。

照著自己的想法改變對方、因為喜歡對方而改變自己，基於自愛的戀愛，不會出現這樣的想法。真正的愛只能從「自己」而生。**問問自己，你愛著真實的自己嗎？你愛著真實的對方嗎？**

Question

Q・為什麼基於自愛的戀愛很難？

其實對我來說，這也是很困難的問題，因為我一再強調，我也是個充滿自我厭惡的人，對像我這種人來說，是無法想像「沒有自我厭惡」的狀態。當然，在我的經歷上，我算成功人士，對於自己創造的成果和獲得的地位，我自信滿滿，但這只不過是自我厭惡的反面，是建立在自我厭惡上的沙上樓閣，只要稍微失敗就會在瞬間崩毀。

沒有自我厭惡是怎麼一回事？那是我無法想像的世界。這就能讓大家立刻瞭解，為什麼基於自愛的愛，對於受自我厭惡所苦的人來說這麼困難。

answer

A・因為無法想像沒有自我厭惡的世界

一旦沒有自我厭惡，基於自愛的戀愛就不會存在對對方預設的條件，例如身材好、長得漂亮、有錢、有才華……等，這些都是由自我厭惡而衍生的條件。

舉例來說，請大家想像一下狗或貓，牠們不會因為「條件」而喜歡對方吧？當然，牠們會喜歡餵飼料、照顧的人，但這不是因為有被餵食飼料，才去喜歡對方，就算哪天不再餵牠們吃飼料了，牠們仍會繼續愛著飼主。「因為對方滿足自己的條件，所以示愛。」、「為了填補自我厭惡，所以示愛。」，牠們沒有這樣的本事。

為什麼辦不到？問題就在於腦，因為牠們沒有人類那樣複雜的大腦。人類的大腦威力十足，連我們並未感覺的東西，都能偽裝成我們感覺得到。明明不喜歡，卻偽裝成好像喜歡，讓我們喜歡上明明不喜歡的「應該要喜歡的人」，這種偽裝能力在文明發展上發揮了很大的功用。

我會這麼說，是因為根據現實構成「像」，再將這個像拆解，假想其他的像，這樣的能力就稱為「思考」。我們的思考能力本身就是偽裝能力，也是讓我們苦惱的原因。**大腦是文明發展過程不可或缺的，但同時也會蒙蔽我們的眼睛，讓我們看不見無條件的愛所需的真實模樣**。如果能不設定條件、真實地相愛，就能感受到安穩、幸福的滋味，取代盲目愛情中的焦慮和不安。

Question

Q・上緊發條就能獲得幸福嗎？

在[5] Ameba 部落格的個人檔案欄位有「喜歡什麼食物？」、「討厭什麼食物？」等許多的問題項目，其中一個項目是「做什麼的時候會覺得幸福？」。這個問題的形式令我覺得很有趣，因為它將「幸福」跟「做什麼（行為）」連結在一起。

但當我查了《大辭林》後，發現「幸福」的解釋為：沒有不平或不滿，心靈滿足的狀態。這個定義明白指出幸福是種狀態，而且沒有用「因為有什麼」的形式來表達，反而是像「因為完全沒有討厭的事情，所以很滿足」，只能消極的定義。然而，Ameba 部落格的問題則是預想「積極地做著什麼事的狀態」，這是不是反映出因為某件事而上緊發條的感覺，就是幸福的想法十分普遍了呢？

最近，很多人會將派對、烤肉活動等歡樂時光的照片上傳到社群網站，這應該也讓許多人覺得自己也得擁有快樂的時間才行、要上緊發條才行，而上緊發條代表繃緊精神、提升緊張度，從《大辭林》裡的定義來看，是和幸福有段距離的。

不上緊發條就無法獲得幸福，是騙人的，發條上越緊，只會越會使幸福遠離。

---

4. Ameba是日本規模最大的社交網路服務網站，Ameba部落格為其服務品項之一，除了基本的部落格撰寫之外，也提供了讀者登錄、部落格排名等等附加的功能，類似台灣先前的「無名小站」。

answer

A. 越是上緊發條，就越容易獲得「偽裝的幸福感」，導致幸福遠離

沒有任何不滿的放鬆感覺，會打從心底感受到真實的當下幸福。相反地，上緊發條會分泌興奮的激素，導致我們什麼都感覺不到，當然也無法感受到真正的幸福。那為什麼「做著某件事」會和幸福連在一起呢？這是因為有「不去感受不愉快＝幸福」這樣的想法。

打從心底懷抱著自我厭惡的人會一直感到不安、煩躁等不愉快的情緒，就像永不止息的牙痛一般，怎麼逃也逃不掉。的確，上緊發條熱衷於某件事的時候，我們就不會感受到這股不愉快，就跟讓疼痛感消失的嗎啡一樣。

然而，上緊發條並不能讓人們脫離自我厭惡，一想到冷靜後的空虛，搞不好

反而會使疼痛更劇烈。將「上緊發條，封閉自己的不快」的行為視為幸福，其背後存在著資本主義的思考方式。買了幾萬元的好看大衣後，情緒會變得高昂，如果情緒又不小心低落了，就再去買十萬元的包包即可。像這樣透過不斷地買東西來體驗瞬間的興奮，就不會感到不愉快且能獲得幸福感，但如此獲得的幸福只不過是「假的幸福」。

因為擁有金錢、物質就會幸福的想法，是資本主義創造的幻象。

Question

Q．打扮自己是不好的事嗎？

不是每個購買高級服飾的人都被自我厭惡牽著鼻子走，透過獲得想要的東西來得到滿足，對人來說是很自然的。但若一廂情願地鞭策自己去追求根本不想要的東西，並且將這個東西買下來，這才是不自然的。

打扮自己也有基於自我厭惡的打扮，以及基於自愛的打扮兩種類型。差別在於，想穿看在別人眼裡很好看的衣服，還是能讓自己開心的衣服。

answer

A．要看是否是能讓自己開心的打扮

因為流行、因為穿了會很受歡迎、因為會被朋友說很有品味、因為不想在朋友之間格格不入……，如果是因這些動機而打扮自己，就都算是基於自我厭惡了，畢竟這些都是源自「不想被覺得沒品味」、「不想被認為是不受歡迎的人」等想法。

相反的，倘若動機是穿上這件衣服會有自我風格、自己會很開心、看著鏡子裡的自己時會覺得很美，就是基於自愛了。**只有穿著「有自我風格」的服飾，你的自由才會變寬廣，也才能體驗真正的充實感。**

第2章・

職場篇

為什麼自我厭惡會導致工作不順？

被「必須不斷向上、爬得越高越遠越好」的
領土擴張主義耍得團團轉，就是人格崩壞的狀態。

Question

Q.

如果為自我厭惡的情緒所困，是不是就會事事不順？

我不是說自我厭惡的人都是失敗者，希望大家不要誤解，而且我想應該沒有人是完全沒有自我厭惡的。相對的，也沒有什麼人能百分之百的自愛，只是有些人愛自己比較多、有些人比較少罷了。

我自己也曾因為自我厭惡而苦不堪言，我認為越是業績超群、沒日沒夜地工作、拚命努力達成績效目標……等被社會所認為的「成功人士」，反而越容易感覺到自我厭惡，因為有著自我厭惡感的人，才會拚命努力地想填補這個洞。

我從京都大學畢業後，任職於某大銀行，後來離職念研究所，先在京都大學當助教，接著經歷倫敦大學的駐外研究人員、名古屋大學助理教授等職位，現在則成為東京大學的教授。在周遭的人眼裡，我看起來或許就像人生勝利組。但實際上，不管是運動還是考試，我從小就是「比賽型選手」，我總是感到不安與害怕，覺得其他人看起來都自信滿滿，甚至因此感到恐懼。然而一旦來到決勝關頭，我卻能表現得比誰都好，連我都覺得「到底是怎麼一回事？」

到了最近，我才終於發現，這種罕見的自我厭惡感，就是成功的要因之一，因為自我厭惡感非常強烈，以至於會覺得：「要是做不到，就只能去死了，所以我絕對不能失敗。」除此之外，人在試圖突破難度很高的關卡時，都會情緒高漲，處於腎上腺素激增的狀態，所以不會感受到源自於自我厭惡的不愉快。因此，在進行某種挑戰時就可以獲得「假的幸福」。但在這種狀況下，即使克服了難關，也不會感受到真正的快樂，只是短暫放鬆而已。

我在考上京都大學、辭掉公司考上研究所、成為助教、在三十四歲獲得日經經濟圖書文化獎這個大獎、成為東京大學的教職人員的這些時候，我都只是在瞬間感到鬆一口氣，接著立刻尋找下一個難關，這都只是為「不想感受到自我厭惡」的不愉快感。

一直成功的人可以獲得假的幸福，其實同時也一直是不幸的。為填補自我厭惡感而提高關卡的難度，並試圖去克服，這是為要「忘了自己」而施用的麻醉藥，用得越多，就會需要越來越強的麻醉藥。

answer

A. 即使因為自我厭惡而獲得很好的業績，也絕對無法滿足。

這裡的意思是說，如果靠自我厭惡的力量提升業績，就必須不斷將目標提高。成為班上的第一名之後，接著就要成為地區性的第一名；成為全國的第一名之後，接著就要放眼全世界。**被「必須不斷向上、爬得越高越遠越好」的「領土擴張主義」耍得團團轉，就是人格崩壞的狀態。**

當然，因為是壞掉的狀態，才能獲得優異的業績，但本人是無法打從心底感到幸福的。這個時代，就是將這種壞掉的人的能力發揮到極致，才發展起來的。這個時代，**人類實現了最大的繁榮，卻同時也引起地球環境本身的毀滅**，其根本原因，我認為就在於此。

Question
Q・自愛的人就不會成功嗎？

當然，並不是所有獲得名聲的人都是有自我厭惡感的人。例如[1]烏拉圭的穆西卡（José Alberto Mujica Cordano）總統，他以前是游擊隊的戰士，簡樸的生活備受討論，號稱「全世界最貧窮的總統」，同時也以溫柔的笑容和睿智的談吐聞名，光看他的所作所為就知道他是個自愛的人。

然而，日本卻很少有這樣的人，因為當下社會的規則和制度，已演化成讓自我厭惡深重的人適應的環境。像穆西卡這般自愛的人，可建立穩固與悠哉的生活，無法有這種人來當指導者，對日本來說真的是很大的損失。

自愛的人也許不成功，卻能過著豐富生活的原因很簡單，因為他們只做「自己能做的事」，但有自我厭惡感的人則會勉強自己做更多事。

answer

A・讓自己的周遭變得舒適

自己能做的事，就是指「著眼於自己的情緒和身體，能夠擁有豐富體會的範圍」，除此之外，也可說是能讓家人或朋友、鄰居等平常會實際接觸的人們感到幸福的表現。然而，有時也會涵蓋很大的範圍，比如當印度獨立之父莫罕達斯・卡拉姆昌德・甘地（Mohandas Karamchand Gandhi）被問及為什麼要對抗英國的帝國主義時，他回答：「因為我想讓自己的精神悠哉地成長，英國帝國主義卻從中阻撓。」

他只是做自己能做的事，卻成為改變世界歷史與文明的不服從運動，相反

1．出生於一九三五年，總統任期為二〇一〇年三月一日至二〇一五年三月一日。

地，**無謂地試圖拓展或意圖完成世界級的大工程，卻無視自身能力的侷限，終究只能徒勞而終**。因為不想感覺到自我厭惡，才會不自量力。

例如貓，牠們沒什麼企圖心，只要方圓三公尺內是舒適的空間，自己能充分感覺到幸福，那就夠了。如果是人類的話，大概方圓五〇〇公尺內沒有不愉快的事、可怕的意外、危險的設施等，就能維持幸福的情緒。要實現這樣的舒適空間並不簡單，除了要和家人感情融洽，也得與鄰居處得愉快並且將環境維持好。當然，一開始就以五〇〇公尺為目標，是很辛苦的，所以大家可以先從「讓家裡舒適」開始，試著把家裡整理得很舒適，並修復與家人的關係，接著再試著開朗地和鄰居打招呼。

順便告訴大家，我的房間亂七八糟，跟家人的關係也不值得肯定。我非常清楚自己不是能教訓別人的料。可是即使如此，我還是得告訴大家，「自愛須從自己身邊開始」這個概念。

Question

Q・「家裡蹲」是自我厭惡的負面範例嗎？

有人是利用不斷向外拓展來掩飾自我厭惡，有人則是用「家裡蹲」的形式來處理。我認為家裡蹲並不是不好的自我厭惡處理法，因為他們很環保。

answer

A・閉門不出很環保

擁有強烈自我厭惡的人不僅會不斷試圖擴張領土，還會強求周邊的人們一起嘗試，彷彿空轉的大車輪一般。而不把任何人捲入（不過多少還是會帶給父母親一些麻煩），只在自己和網路世界轉的御宅族，可說是能量轉換效率中很棒的生活方式。

必須擁有更像樣的職位、必須出去協助社會……或許他們也會有這樣的焦慮，雖然在外奔波或許能短暫地帶來社會貢獻，但從長期來看，搞不好會成為破壞環境的幫兇，甚至可能為社會帶來威脅。

家裡蹲雖然看起來很沒有地位，但如果不在乎立場，也不在乎有沒有自我用處的話，家裡蹲的問題只是沒錢而已吧？如果他們能透過網路賺取供他們在家裡生活的微薄收入，那就幾乎不成問題了。不被多餘的擴張主義影響，不破壞自然環境的家裡蹲，可說是很環保的生活方式。

有時候，有問題的反而是沒有勇氣當家裡蹲的人也說不定。為不想承認自己不愉快，就埋首於工作；因為憧憬埋頭於戀愛；偽裝很快樂地在社群網站上傳照片，苦等別人來按「讚」，這些一直忽視自己真正感受而持續空轉的人們，或許在心理上遠比家裡蹲的人更不健康。

Question

Q・立場主義是什麼？

剛才我提到了「立場」和「用場」。日本人特別執著於自己（或對方）在什麼樣的「立場」派上什麼樣的「用場」。我認為這就是「立場主義」這種意識型態。

我覺得立場主義是因為第二次世界大戰的時候，為數眾多的人們被強制派去「立場上不得不殺人，還要將自己的生命暴露在危險中」這個恐怖的「用場」，才會滲透進日本社會，這我會在後面詳細說明。而戰爭結束後，還是為了守住立場而拚命派上用場，這樣的行動模式在驅動大量機械的工廠營運上發揮難以置信的力量，實現高度成長，因此可說是日本社會精神的特質。

固守立場和用場，也是為要填補自我厭惡，為了恢復自愛，還是脫離立場和用場比較好。說到底，我們為什麼需要立場和用場呢？身為公司員工的我、身為部長的我、身為父母親的我……會追求這些立場，就是對自己感到不安，不用說，那就是自我厭惡的起因。

answer

A．立場主義是指為了守住「立場」，而想盡辦法派上「用場」的精神

許多人選擇跳脫因自我厭惡引起不安的方法之一，就是把自己放入「身為〇〇的我」的框框內，如果能順利扮演這個角色，就會一心以為，自己的身分獲得肯定。

這個「扮演身為〇〇的我」的行為模式在近年來不斷加速，例如「〇〇角

色」這個說法。新生或新員工在加入新團體的時候，一開始都會擔心自己是要扮演認真的角色、還是詼諧的角色？在形象固定之前，人們都會感到不安。然而，**不管是公司員工、部長、父親亦或是詼諧的角色，都只不過是你的其中一面，並不等於你自己**。

你是否也在扮演著什麼角色？如果是的話，你能不能放下那個角色呢？

Question

Q．立場主義為什麼既輕鬆又痛苦？

這個社會是由「立場」所組成的，而不是「人」。各個立場都有附屬的「用場」，只要派上用場，就能守住立場。在這樣的社會，人降級為立場的填充物。要是沒有派上用場，就會變成沒用的人，並失去立場。這麼一來，人就會失去自己的位置。

和自己的本質不同的用場或是角色扮演，其實都是很累人的。想說真心話，但卻因為自己是老師而說不出口；其實很討厭被人瞧不起，但卻因為自己是諧星的角色，所以不能不忍耐，像這樣忽視自己的感受度日，確實會很累吧！

然而最累人的或許是誤以為，**「用場」等於「自己」**。舉例來說，身為業務人員只是你的其中一面，並不代表你的本質。然而，在工作現場來去之間，你卻一心以為業務人員就是等於自己。甚至你可能會覺得，身為業務員卻無法獲得好業績的自己，也等於沒用的自己，因而感到很痛苦。

我曾聽說有位設計師同時身兼音樂人，有在舉辦演唱活動，不過這位設計師極力對設計事務所的同事們隱瞞自己在玩音樂的事，同時也對玩音樂的夥伴們極力隱瞞自己設計師的身分。他的考量是，同時做好幾件事，會讓人有種背叛夥伴的感覺，以日本人的想法來說，也就是腳踏兩條船。

如果在中國，這就會變成完全相反的想法，他們的想法會先是：我真棒。說到中國人，大家會想到中華思想，不過這裡的「中」其實是指自己，「中華」則就類似「我才是世界的中心」的感覺。他們以擁有複數屬性為傲，不管是設計師的工作還是玩音樂，都只會加強「我真棒」的信念。因此，他們會盡情表現出「既會設計、也會玩音樂的我真是棒」的姿態。

他們也很重視人脈，因為擁有各式各樣的身分，就能分別增加人脈，所以就變成「什麼都難不倒，人脈也廣的我真是棒」。他們絕對不會把自己的身份乾淨切割或隱藏，讓自己兩頭為難。日本人常說，應該要確立自己的身分，但有很多人誤以為是要像「確立身為設計師的身分」、「確立身為音樂人的身分」這樣，讓自己的立場分明。然而，立場並不是身分。

身分（identity）可以翻譯成「身分認同」等意思，但這也只不過是概念模糊的西方社會獨特的民俗意識。身分的詞幹「idem」的意義類似「同」，大概是一神教的「與神合一」的意義，背景應該是猶太教、基督教的概念。因此，本來就不能應用在背景截然不同的日文上。如果硬要套用，最接近的就是立場了，也就是「與立場合一」。

立場主義其實已經沒用了，因為我們已不再需要人們操作為數眾多的機械，現今這樣的工作已逐漸由不會累的電腦來做，為了守住立場而該派上的「用場」已不復存在。然而，我們的社會直到現在都還是靠著立場主義在運作。為了守住立場而不斷拚命派上用場，只會失去自己而已。

answer

A・只想要守住立場，就會失去自我

有各式各樣的感受、做各式各樣行動的你自己才是主體。請記得，工作只代表了你的一部分。

Question

Q・為什麼日本會興起立場主義？

想要讓不受立場主義侷限的「真實的自我」活起來，即使腦袋理解，要在現在的日本社會這麼做也相當難。舉例來說，在學校參加社團之後，如果要退社，同學們都會非常煩惱。參加社團又不是義務，不想參加的話，只要退社就行了，但是他們卻會感受到「竟然退社，真是個背叛者，不能相信這個人」這種無形的壓力，因為日本人都有「不守住自己立場的傢伙全都是爛人」的這種刻板印象。

中國某家IT相關大企業曾讓新員工做「十年後會怎麼樣？」的問卷調查，大多數人的回答似乎都是「我不會在這家公司，我會創業」，並沒有守住立場的想法。

有一位優秀的中國女士，她在日本知名大學拿到碩士學位，並任職於某家日本大銀行。公司對她也有很大的期待，於是特別將她安排到教育負責人的職位，可是，她對於每天都在寫不知道意義為何的報告書，厭煩得不得了。進公司後二個月，她便斷然決定離職，並計畫在半年後遠赴美國。當她告知人事部，人事部卻無法接受這個事實，因為他們認為實在是太離經叛道了。此時，她碰巧決定和在美國的男朋友結婚，所以最後是用「結婚離職」這個理由來讓人事部接受。但即使如此，在正式離職之前，她在公司內的處境遭遇還是非常差，原本感情很好的同事完全忽視她的存在，讓她覺得很痛苦。

這個故事讓我們瞭解，「一旦站上某個立場，就非得至死守住不可」是多麼特殊的日本現象。那麼，為什麼日本會興起立場主義呢？

應該是因為有著「越是高壓集權統制組織，越容易締造成果」這樣曾有的成功經驗。二次大戰前的日本軍正是立場主義，為守住自己的立場，而往錯誤的方向拼命，造成整體組織暴走，將所有日本國民捲入不知道為什麼而戰的戰爭之中。甚至高喊：「一億國民團結化身成火焰（意謂：來燒死英美軍）」，覺得為守住立場而挨餓受死，是很光榮的事。這樣的意識形態渲染了整個日本社會。

戰敗後，日本人並沒有反省過去的立場主義，不僅如此，反而人人秉持在戰爭中鍛煉出的立場主義精神，繼續抹滅自我，成為組織中的小螺絲釘拚命工作。日本人在這樣的戰時精神結構下，實現了戰後的經濟成長，就像工廠的生產線作業一般，每個人堅守自己的位置，覺得對自己的工作越來越熟練，就是獲得成果的捷徑。

人人守住立場等於派上所有用場，等於工廠順利運作，等於業績提升。於是這樣的流程就被等號連在一起。為什麼會那麼成功？那是因為當時的工廠擁有數量龐大的機械，只有每個人都拚命守住立場、派上用場，才能同心協力地讓大量的複雜機械動起來。

answer

A・放不下二次大戰後的經濟成長陰影

可是時代變了，工廠逐漸自動化，由電腦控制機械，所以不再需要嚴密的組織或熟練的工人。然而日本卻在這段期間成為根深蒂固的立場主義者，甚至將此提升至倫理的範疇，若有人用除此之外的方法獲得成果，都被視為不道德。

因此，「靠著自己的感覺判斷、發揮能力，有彈性、有創造性地形成有秩序的組織」這種事，是日本人完全不敢想像的，甚至若有這種想法也會等於不道德。

高度經濟成長的時代，「大家堅守立場，派上用場，藉此提升產能」的想法已然淪為幻想。日本的夕陽產業——家電製造商，就是一個極端的例子。在機械自動化興起之下，其實已不再需要立場主義者坐大的嚴謹組織，但他們卻仍不斷地追求這樣的目標。比起創造符合市場需求的商品或是建立革新的機制，他們寧可選擇全力灌注在守住立場（高壓集權統制的組織）去養員工，卻沒有產生任何利潤。

如今，這樣的方法只會失去組織效用，成為讓經濟停滯的枷鎖。

Question

Q・人真的有必要長時間工作嗎？

「我能夠每天忙碌工作，不就是因為組織很健全嗎？」應該會有不少人這樣想，但我要在這裡提出的問題，就是：「只要忙碌於工作就夠了嗎？」

其實，**越是忙碌於工作的人，就越容易在很多方面無能**。看看自己現在的工作內容，就會發現做很多與利潤無關的表格、寫好幾份沒有必要的報告書，學校老師也是，除了在閒暇時間進行教課研究和與學生對話等本分，然後被無意義的文件製作和會議追著跑。

為什麼會發生這種事呢？這也和自我厭惡有關。我曾經提過，**陷入自我厭惡的人會一直看自己的負面，結果就產生了「無法原諒不忙的自己」的狀況**。接著，他們會更進一步地讓自己變忙，這也可說是製造不在場證明，因為對自己的存在沒有自信，所以想要存在的證明，結果就找了多餘的工作，或是讓無謂的會議不斷持續。

這樣幾乎不會創造價值，「花很多時間在工作上」和「創造價值」絕對不是成正比的。日本社會漫延「找不會產生價值的無謂工作」讓自己忙碌，以填補自我厭惡的風氣，說穿了，就是「不長時間工作，就無法生活」的刻板印象。

answer

A・應該要長時間工作，也是刻板印象

網路科技快速的發展，人類過去必需親手做的工作也變得有效率，照理說，工作時間應該會減少。舉例來說，荷蘭和瑞典就採用「workshare」的形式，成功縮短地工作時間，這樣不僅能讓社會運作，財政也不會出問題，人人都能充滿活

力地生活。

可是，對於用長時間工作來填補自我厭惡的人來說，工作時間減短，周遭的人們活力十足地享受人生的狀況，也很令人困擾。每天早上在擠滿人潮的電車上搖晃、長時間加班、疲勞地踏上歸途，似乎不這麼做，就無法不去正視這個「自我厭惡的洞」黑漆漆的入口。

人類這種靈長類需要其實只有三件事：吃好吃的東西、住在舒適的地方、和夥伴待在一起。立場主義組織的長時間勞動狀態，究竟是不是通往這三件事的正途？大家得好好想想才行。

Question

Q・在社會組織中，如何找回自愛的方法？

「改掉這種工作方式。」、「在短時間創造出價值，並肯定這樣的自己。」假設你會這麼想，但在立場主義者支配的組織中，就算有一個人覺醒，想要自愛地活著，還是很難順利辦到。因為不管從事多有意義的工作，人們絕對不會容許不配合規定的人。這樣的壓力非常大，連本人都很難不對這樣的自己抱有罪惡感。

在現代社會，「忍耐受苦，就能獲得報酬」的刻板印象很有影響力，無論從事多有價值的工作，沒有受苦的人獲得金錢就會被認為是不道德的事，這可能是因為上一代的人們就是如此獲得對價的緣故。

在這樣的氣氛之中，就要以充滿自愛的生存方式為目標，在守護自己健康的範圍內，充實自己，創造價值。當然若有這樣的想法，很容易被來自周遭的壓力所擊垮，所以在這裡，我想向各位建議的就是「成為邊緣人」。

answer

A．在組織中成為邊緣人

在中世紀，日本有被稱為「無緣所」的地方，這是斬斷主從關係、親戚關係，放下財產，甚至逃離國家支配的地方，與世俗絕緣的多種多樣的人們在此聚集。當然，現在已經沒有無緣所了，不過「以邊緣人的形式生存」的意識，或許能稍微讓我們從立場主義的束縛中解脫。

具體來說，實際離開組織是方法之一，不過若是想待在奉行「總之就是要加班才有在工作的感覺」的職場中的話，就要使這樣的風氣與你無緣。只是，看在「為了填補自我厭惡，而假裝做著無意義工作的人們」眼裡，你這樣的態度會成為攻擊對象。

那麼，該怎麼做才好呢？有個方法，是讓對方覺得「那傢伙真的很誇張到讓人沒輒」，很誇張的傢伙，這就是**「邊緣人」**。

Question

Q. 如何在工作中避開「假裝在工作的人」的攻擊？

不想長時間進行無謂的工作，就須要在短時間內把有意義的工作給完成，這樣的態度不僅會威脅到「假裝在工作的人」，也會成為被他們攻擊的對象。一旦有人做了真正有意義的事，假裝做有意義事的人們就會覺得「這是在指責我假裝工作」而感到不快，即使試圖講理來打破對方和自己之間的藩籬，也不會有進展，只會遭到反擊而已。

這種時候，有個方法就是假裝去做沒有意義的工作。

answer

A. 假裝做無意義的工作，其實是在做有意義的工作

怎麼樣才能在不受「假裝在工作的人」威脅的情況下做有意義的事呢？我想只有「假裝認真地在做無意義的工作，但其實做的是有意義的工作」這個方法。

舉例來說，假設你想將文件數位化以提升工作效率，將過去用手寫的申請書、結算文件等無紙化，就能減少書寫文件的時間，並且把這些時間用在更有創意的工作上。你確信這是有價值的改革。可是，如果你直接建言：「這是有意義的」，對於「把沒有意義的工作當成有意義的工作做」的主管來說，只會覺得很礙眼。那該怎麼辦呢？

你要「假裝做著沒有意義的工作」，不要對主管說之以理，要假裝和主管一

樣，把沒有意義的工作當成有意義的工作做，然後進行突破。具體來說，就是不要主張「利用無紙化提高效率」，而是改成向主管營造出這樣的情境：「無紙化能不能提高效率還很難說，但是我想另外多做這個工作。獲得好評的話，我們單位的評價也會提高」。

這樣的話，主管說不定也會認為：「如果我們單位能得到好評，那就做吧！」這正是假裝把沒有意義的工作當成有意義的工作做，其實卻做著真正有意義的事。或許有人會覺得這樣的偽裝很蠢，但是，我尊敬的麥可傑克森也為散播「保護孩子」的思想，用「無聊的流行音樂」、「情色的舞蹈」等偽裝，向好幾億人送出強烈的訊息。宮崎駿的卡通也一樣。無聊的偽裝其實是很重要的藝術。

Question

Q. 如果受派去做無意義的工作，該如何是好？

當然身在組織之中，應該很難主導自己的工作，立場主義者的主管也有可能一直指派你做沒有意義的工作。如此為了填補自我厭惡，還拖著其他人也一起做，導致被迫做事的人無法獲得滿足，使得彼此間的自我厭惡的洞越來越大。

為了阻止這個惡性循環，該怎麼做才好呢？可以想想剛才我提到的「邊緣人」，而這個時候，「鬧事」也是其中一個方法。接二連三地做出人意表的事，不斷鬧事，讓自己得到「不知道會鬧出什麼事」的評價。

為此，你要認真去做主管指派你做的工作，也就是把沒有意義的工作裝成有意義的樣子。如果指派你製作無聊的文件，主管應該覺得你只要照他說的做好就行了，但請你認真地從系統問題開始思考，用「這份文件最好把格式改成這樣，比較有效率」、「不過，說真的，這份文件真的有必要嗎？」這種認真的感覺進行。

至於會發生什麼事？當然事情會變得非常麻煩。課長原本期待你會隨便做些馬虎的工作，要是你認真做了，課長反而會很頭痛。話雖如此，下達指令的是自己，所以他也不能阻止你。主管就會陷入如此進退兩難的困境。

當然，要這麼做的話，做的當事人也會很辛苦，不過這個時候，就要有熬夜幾晚的覺悟，把工作做到非常完美。這段期間，你沒辦法做其他工作，所以也會給周遭的人們帶來很大的困擾；而要是你莫名其妙地把工作做得很完美，也會顯得他們做的工作沒有意義，算是雙重困擾。

answer

A・認真嘗試「對自己來說有意義的工作」

這麼一來，即使你只是認真工作而已，拜託你做無謂工作的人應該會變少，畢竟隨便指派你做工作，搞不好還會讓自己的工作增加。只是，要這麼做必須要有一定程度的覺悟。

覺悟是什麼呢？那就是確定自己無法走上公司期許的主流或升官之路。滿足主管的期待、與周遭的人們競爭、志在升官，如果這是公司員工的本分，那你就會脫離這個本分，用「只要有領到薪水就好」的心態去做就好。

我大學時期有個朋友，他的父親就是某家大企業的菁英員工。我常去這位朋友家過夜，他的父親明明從事看起來非常困難的工作，但卻總是很開心的樣子。某一次我們一起吃飯的時候，他的父親對我說：「我都會在公司的抽屜裡放辭呈。不這麼做的話，我就無法工作了。」當時還是大學生的我聽不懂是什麼意思，現在看來已經非常清楚。

我認為這意思就是說，真正的菁英在工作的時候，依賴的不是來自組織的評價，而是「這是對自己來說有意義的工作」的感覺。可是，組織討厭會這樣思考的員工，需要思考有沒有意義的不是你，而是幹部，要是每個員工什麼都要思考一番，那就太麻煩了。所以在這樣的壓力下，**要判斷這份工作對自己來說有沒有意義，並依照自己的判斷行動，就必須有「隨時都能遞辭呈」的氣魄**。

然而，組織會為了阻止員工這樣的自愛模式，植入自我厭惡和罪惡感，也就是讓員工記住階層、學會禮貌、一心以為「不能忤逆上面的人」、「不能用自己的做法做事」。為了讓員工深信原來自己是無能的，主管會徹底進行嚴格的訓練。

要正面對抗這種壓力，如果沒有意義，自然不可能勝利。可是，事先理解「一旦進入組織就會被迫要抱持自我厭惡」這點是很重要的。同時，還要讓隨時都能遞辭呈的覺悟更堅定。接著，只要裝成乖小孩的樣子，點頭聽話即可，聽到什麼就原原本本地接受，並且心無旁騖地認真照著做。

小心地在自己心中培育「自愛」，找對自己來說有意義的工作，學會有意義的技術，獲得一定程度的技能和權限後，再徹底濫用，做有意義的工作。不和自我厭惡的組織壓力戰鬥，但也不服從，悄悄地從別的管道培育「自愛」十分重要。

Question

Q・如果沒人指派工作給你做呢？

不過話說回來，如果照我說的方式做，就算沒被其他人討厭，應該也會讓人想跟你保持距離，沒人靠近你，一個人獨來獨往或許會令人覺得很寂寞。可是這麼一來，也沒人會指派工作給你，讓你有閒暇時間或也有可能被更嚴重地「不指派工作」。

不指派工作就是不給予立場，換句話說，就是即將「失去立場」的前兆。這也蠻可怕的。話雖如此，如果在這個時候畏懼地說「請派工作給我做」那就完了，這種時候，才更要閒閒地待在公司。

大家或許會覺得很害怕，但是既然都閒下來了，就下定決心發呆度日吧！這是非常重要的。

answer

A・積極讓自己變閒

為要瞭解什麼是「自己真正想做的事」，需要時間，所以減少工作還是十分重要的事。機會總是從意想不到的方向降臨，為了抓住機會，大家一定要得閒著才行。如果很忙碌，就算有好事從天上掉下來，你也不會發現。

如果你不在組織內而且很閒，就代表工作減少，可能也沒什麼錢了。但是，沒錢也不完全是壞事。因為沒錢之後，就可以斬斷「不付錢就無法交際」的假關係。有酒肉朋友找你，你只要說沒錢，對方也不敢再約你；若有朋友說「別擔心錢的事，我出就好，你來啦」，那一定是真正需要你的朋友。

你可以不被情面左右，只去想去的地方，不想做的事也可以不要做。相反的，有錢就會變成「我不想做，但做得到，那就試試看」、「我能去，那就去」，只會讓不想做的事不斷增加。要說錢是維持不幸關係的機制，也不為過。

把「沒錢」當成讓人重新審視自己，脫胎換骨的機會。先讓自己進入這樣的狀態，接著再和「即使沒錢，仍願意維持聯繫」的人交際，好好經營這樣的模式，這樣就能將自己周遭因自我厭惡而生的人際關係，轉換成基於自愛而生的人際關係。我自己在念大學時是有拿生活費的，所以不曾有過「沒錢」的狀態，不過事實上，我認識好幾個在這樣的狀態下依舊快樂生活的朋友，證明這不是不可能的。

當然，錢不夠用的生活很辛苦，可是有錢也很辛苦。看看聖經中馬太福音第十九章二十三、二十四節：

耶穌對門徒說，我實在告訴你們，財主進天國是難的。我又告訴你們，駱駝穿過針的眼，比財主進神的國還容易呢！

我年輕時讀這二節，心想真是胡說八道，但幾十年後的今天，在深刻體會金錢重要性的同時，我也深深感受到金錢的可怕。有錢能遮掩不幸，因此難以忍受的不幸會被結構化，看似幸福的有錢人家，其實也有難以言喻或本身無法發現的不幸。有錢人雖然可以用錢的力量，來淡化一些不幸，卻也可能讓不幸永遠持續，甚至演變成非常嚴重的狀態。我看過非常多這樣的事例，也真覺得很可怕。

第3章・

親子篇
自我厭惡的真面目？

小心地守護孩子靈魂的同時，
也不要抑制自己的靈魂。

Question

Q・如何從自我厭惡的情緒中逃脫？

目前為止，我已經說了不少有自我厭惡感的人會發生的事，應該有人會想：「既然自我厭惡淨是讓人碰到壞事，請快點告訴我如何甩掉自我厭惡？」

在這裡，我想告訴大家的就是：若想脫離自我厭惡，就不能立志「脫離自我厭惡」。

answer

A．為什麼不能立志脫離自我厭惡？

自我厭惡是從年幼時期起深植腦內的，無法靠自己改寫，我會在本章詳細說明這一點。硬要試圖脫離自我厭惡，只會陷入「厭惡無法脫離的自己」的惡性循環之中。那麼，該怎麼做才好呢？

① 察覺自己的行動是從自我厭惡而來的。

② 增加並非出自於自我厭惡的行動，並加強自己的能力、自己和他人的關係。

讓意識遠離自我厭惡，增加自愛的時刻，這麼一來，就能慢慢從自我厭惡的窒息感中解放，也就是不把注意力放在自我厭惡上，而要放在自愛上。

那麼，該如何活用自愛呢？其中一個關鍵詞就是「身體」，將注意力放在自己的身體感覺上，讓身體用不同於自我厭惡的模式來動作。

Question

Q・如何找回身體的感覺？

為了找回身體的感覺，我想向大家推薦的就是「馬」。沒錯，馬。我想推薦的是馬療法。這次我為了寫這本書，以相關人員的身分拜訪位於神戶市六甲山地東部的神戶花果公園中的「MITSUINOMORI 牧場」。這裡不只可以體驗騎馬，還實施透過與馬接觸、建立關係來獲得能量的「馬療法」。

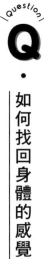

光是摸馬、牽馬走路，就能明白很多事。舉例來說，在拉馬繩的時候，如果不在信任馬、同時也信任自己的心態下行動，馬就不會跟著你走，擔心受怕反而會讓馬接收到多餘的訊號，使馬感到混亂。

我說的不是話語，而是身體感覺，用全身的力氣相信對方以及相信自己。馬會透過身體來告訴我們，相信對方和自己的感覺。和人類之間關係不同的是，馬不在乎頭銜或立場，牠們不會因為是老闆說的話就聽、是窮人說的話就不聽，眼前的人是什麼立場的人，對馬來說都毫無關係。**馬只是陪伴著真實模樣的人類**。

當真實模樣的自己得到陪伴，立場主義的劣根性也會變淡，也就讓身體的感覺變得敏銳。本來，人類之間也能建立這樣的關係，可是，「陪伴真實模樣的關係」卻從現代社會消失，甚至令人無法想像有這樣的關係存在。

總而言之，與馬之間形成的關係，可以打開身體的感官。

answer

A・建立無立場的關係

不只有馬療法，體驗沒有用場與立場的關係後，也有可能使身體的感覺變得敏銳。舉例來說，你可以試著對路上碰見的陌生人打招呼，也可以試著對便利商店的店員由衷道謝，或是去和住在附近的孩子交朋友，跟他們一起玩。這種無立場的關係可以開啟身體的感官，讓你走向自愛。

Question

Q・要如何做到自愛？

我在前面提到，試圖脫離自我厭惡只會帶來反效果。越想放手，就會越厭惡無法放手的自己。既然這樣的話，還不如增加別的管道，先增加做到自愛的時間。

怎麼樣才能做到自愛呢？那就是**讓感情與身體連線**。被自我厭惡耍得團團轉時，我們無法看見自己的感情，我們的行動基準不是自己想怎麼做，而是他人會怎麼看。只不過，「看見自己的感情」並不是那麼容易的事，如果沒有意識到自己的感情習慣，就不知道自己正抱持著什麼樣的感情。

被自我厭惡掌控，頭腦就會與身體脫離，無法感受到自己的感情。這種時候，從身體下手會比從頭腦來得快。你可以試著放鬆身體、試著做伸展操、試著每天散步或試試瑜珈的呼吸法也都不錯。對身體採取行動，讓外在與內在連線，也就能讓頭腦和身體順利地連在一起。

answer A・讓頭腦和身體連線

從五感下手也是方法之一，一邊散步，一邊眺望飄動的雲、聆聽風聲、聞花香、觸摸磚牆的粗糙質感，然後仔細觀察透過這樣的體驗而湧出的感情。從身體下手，讓頭腦和身體連線，體會自己的感情，就是做到自愛的捷徑。

可是，現實生活當然不見得會這麼順利。舉例來說，如果你陷入「一廂情願的戀愛」之中，當你朝著自愛前進時，對方應該遠離你，畢竟被人看透自己陰暗的一面不是什麼愉快的事。

不過，這其實也可視為「謝謝你逃離我」。所以請你不要動搖，放鬆身體，專注於自己的感情，如果對方的離去讓你覺得悲傷，就去感受悲傷，正視自己的感情。請大家瞭解，這就是通往自愛的道路。

Question Q・要怎麼做才能在自己的地平線上生活？

總會忍不住在意他人的目光，被周遭人們的評價牽著鼻子走，我會用**「在別人的地平線上生活」**來形容這樣的行為。

為什麼會在別人的地平線上生活呢？源頭應該是「與父母的關係」，因為我自己就是這樣。如果父母本身被自我厭惡牽著鼻子走，並且將自己認為理想的形象強加在孩子身上，其實是將**「讓自己方便的孩子的形象」強加在孩子身上，而不是正視真實的孩子**，這麼一來，孩子也會從「父母的視角」來看自己。

從前，我就是從父母的視角看自己的孩子，而且恐怖的是，我的兒時記憶全都變成從斜上方俯視自己的影像。為什麼會變成這樣呢？我覺得非常不可思議，不過在大約十年前，我才發現那是我母親的觀點，也就是我想理解的不是自己的心情、感受方式、體驗或慾望，而是母親對我會有什麼想法、希望我怎麼做，然後我竟從來沒有意識到這個情況。這就是在別人的地平線上生活。

驚覺自己活在母親視角下的時候，我的記憶起了變化，記憶中的影像從斜上方向下俯視，變成從自己的視角看見的景色。不過，孩提時代的影像仍是留著從斜上方俯視的視線。

answer

A・察覺自己心中的父母視角

可是，要察覺父母的視角是相當難的事，一直活在父母視線中的人，不會發現自己是從這樣的視角看事物。而且就算真的知道自己的觀點、感情，也會覺得是壞的、不好的而拚命壓抑，自我厭惡就是從這裡開始的。即使能用「在他人的目光下行動、滿足他人評價」的方式生活，自己也無法獲得滿足，所以會厭惡「無法滿足的自己」。

自己的觀點與感覺是生活的羅盤。一旦放棄，人生就會走偏。該怎麼做才能不走偏呢？那就是「殺了父母親」。當然不是真的殺，而是離開父母，把自己心中的父母殺掉。實際從生活上離開父母也很有效，對他們言聽計從的人，也可以刻意反駁他們說的話。總之最重要的是，**察覺自己在「父母的視角」，也就是「別人的地平線上生活」這件事**。

Question

Q．在自己的地平線上生活後，會有什麼改變？

首先，呼吸會變得很輕鬆，可以自然發揮自己的能力，能更有彈性地生活。這樣改變過去的做法，當然會伴隨著不安或迷惘，可是在不知不覺間，就能獲得確實的結果。而且成果將會是，你想盡辦法在別人的地平線獲得認同的好幾倍。

或許有些人會得到工作的成果、或許有些人會重拾心靈的平靜、或許有些人身邊討厭的傢伙會消失。什麼都變得很好吃，睡眠品質很好，變漂亮，身材也變得理想。**不追求結果，反而會使期待的結果隨後降臨**。

answer

A．在自己的地平線上生活，會改變一切

這是幾年前的事。我認識的一位年輕研究員在看了我的書《生存技法》（青燈社出版，二〇一一年）之後，決定找回自己。他對妻子說：「我想做自己想做的事，不做不想做的事。」對方卻強烈地拒絕這個要求。結果他失眠了，不得不和妻子分居，並在半個月後踏上離婚之路。

過了不到半年，他什麼都沒做，卻瘦了十公斤。原本體型像個微胖大叔的他，變回身材苗條的年輕人。和會操縱自己的妻子在一起，本來就讓他覺得很痛苦，不過他完全沒察覺這一點，從沒想過要離婚，也沒想過要瘦下來。他只是想以真正的自己的面貌生活罷了。

Question

Q・自我厭惡的源頭是什麼？

我剛才提到，在別人的地平線上生活，亦即讓自我厭惡活起來的源頭，就是與父母間的關係，現在讓我們再看得更詳細一點。

心中萌生「自我厭惡的芽」的原因是什麼呢？我認為原因是在三歲左右以前的發展階段受到的心靈創傷。如果有肉體虐待或性虐待，心靈當然會受傷，但我說的不是這個，而是**乍看之下「正當且優秀」的養育方式，也會造成心靈傷害**。我認為最嚴重的，就是明明沒有愛，卻盡全力假裝有愛，換句話說，就是不愛孩子，但為了利用孩子而養育孩子的做法。而這往往是大家眼中理想的育兒方法。

舉例來說，我的父母就是這樣。他們非常努力地養育我，而且確信這就是愛，可是我卻沒有感受到愛。他們的目的是把我養成一個很優秀的人，我只不過是塑造「優秀的人」的材料罷了。一如計畫，我考上京都大學，成為東京大學的教授。不過，接下來我的人生就大幅偏離他們的計畫了。

明明沒有愛，卻假裝有愛；明明不忙，卻裝忙，如果父母重複著這樣的矛盾，孩子的心靈就會崩壞。感情和話語不一致，不斷重複矛盾的溝通，孩子就會學到「不能表現出真正的感情」。而這個不能表現出自己的感情的世界觀，會連帶產生「自己的感情是不好的」的感覺，進而導致自我厭惡感萌芽。真是太可怕了。

Question

Q・感情被否定的孩子會變得如何？

讓我來談談感情的否定吧！舉例來說，假設孩子在店裡央求父母親買東西，如果只是否定地說「不行」，孩子最多難過地心想「父母不買給我」，不至於否定自己的感情；但假使用「像你這樣什麼都想要，長大會沒出息喔！」、「我是為了你好，才說不行！」的態度對待孩子，又會怎麼樣呢？

這個時候，如果孩子說：「我知道了，我會忍耐。」父母應該會非常高興地說：「哎呀，真是個懂事的乖孩子。」這麼一來，孩子就會學到「壓抑自己的心情等於被父母稱讚」，並對想買的心情本身有罪惡感，然後每當「想做」、「想要」的心情出現時，孩子就會厭惡「不該有這樣感受情緒」的自己。意思就是說，**父母否定了孩子發自內心的動作，這就是自我厭惡產生的結構程序。**

answer

A・父母的「我是為你好」會毀滅孩子

「讓你否定自己的感情，是為了你好」是最暴力的訊息，然而，即使明明是完完全全的暴力，人們卻稱之為「管教」，別說在社會上獲得認同，甚至還受到人們所推崇。

Question Q・為什麼父母會假裝有愛？

假裝有愛的父母當然也是在自我厭惡的養育下長大的，他們不習慣直接用言語表達自己的感情。我也是在假裝有愛的養育下長大的孩子之一，我母親的育兒方式非常完美，只是沒有愛。沒有愛和完美育兒之間的矛盾，徹底將我撕裂。她表面上是「戰後民主主義」，內在則是「靖國之母」。

大家知道二次大戰時的「靖國之母」嗎？母親在兒子戰死後，會陷入非常可怕的精神狀態，她們不能因為被軍隊帶走的兒子慘死而悲傷，而且還被搪塞「兒子變成靖國之神」的故事，必須強顏歡笑。那個時代的女性使命，就是產下男孩，養育成傑出的人，再冠冕堂皇地戰死。靖國之母把孩子送上戰場，孩子戰死後還得面帶微笑。自己養大的孩子戰死了，還得說「謝謝」。要是表現難過或不甘，就會被罵。要是有愛，就當不了優秀的靖國之母，所以她們必須刻意切斷自己的感覺。

當時的成年人或許是強迫自己假裝成這樣，但是在戰時長大的女孩當中，應該有很多人是真的接受了這種想法。倘若一個人的精神結構在孩提時代已如此形成，就算到了戰後民主主義的時代，靖國之母的心理也不會消失。所以我認為，「偽裝成戰後民主主義的靖國之母」就是這樣形成的。我母親即是典型的例子。

answer A・靖國之母的留存心理

在自己的感情和身體分離的情況下，立志成為正確的母親，孩子也因此被植入自我厭惡。這種負面循環成為現代日本社會的基礎。我想，為自我厭惡所苦的我，就是其中一個例子。

Question

Q・為什麼父母會想要控制孩子？

被自我厭惡牽著鼻子走的父母，也會將自我厭惡植入自己孩子身上，這我在前文已經說過了。就算沒有虐待孩子、責備、管教等過程，只是讓孩子看見「感情和身體分離的溝通」，也會在不知不覺中毀掉孩子。乍看之下很棒的父母，一樣會束縛毀掉孩子，這樣的情況很常見。

例如我朋友的哥哥A。A在國中的時候，因為被霸凌而不去上學，他的父親被派到外地上班，所以養育孩子的事全由母親一手包辦。母親覺得被霸凌的A很可憐，所以也沒有特別強迫他去學校。後來A罹患憂鬱症，據說患病的原因是因為一直在家遊手好閒。父母也因為A的事情爭吵不休，後來就離婚了。A跟著母親一起生活，現在已經五十幾歲，從金錢到生活，仍然由母親打理。

看到這個例子，說不定有人會覺得沒工作的A是壞人，母親成了A的犧牲者。

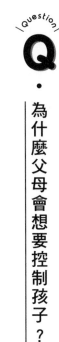

就算沒有到犧牲者的地步，至少一直照顧A的母親會成為「傑出的母親」。然而，其實也有可能是「A現在的狀況是母親的理想」吧？

讓我們更詳細地看看A的家庭關係，A的母親在單親家庭長大，經歷寂寞的年幼時期，有著「希望自己身邊一直有人在」的想法。可是，丈夫被派到外地上班，代替他的只有兒子，也就是A。家裡蹲的A對母親來說，是非常方便的存在。母親透過對A抱怨丈夫，持續送出「世間是很嚴峻的地方，家裡則很安全」的訊息，而乖孩子A則試圖滿足母親如此的期待。

就某個層面來說，A或許才是母親的犧牲者，A的妹妹（也就是我的朋友）是這麼想的。當然，他們的母親完全沒有惡意，只是將她自己在無意識之間隱藏的慾望，強加在孩子身上而已。

answer

A・

為了滿足自己的慾望，父母會無意識地控制孩子

被有自我厭惡感的父母養育長大，拚命努力獲得父母認同的乖孩子（像A這樣），會把「父母親的慾望看成自己的慾望」但卻不曉得自己真正的慾望是什麼。這樣的乖孩子會以某個時期為轉捩點，突然變成壞孩子、家裡蹲或是出現自殘行為。

父母親和老師或許都會非常難過地覺得：「他明明曾是那麼乖的孩子」，但是，這也可視為「好孩子」的身體試圖拚命表現自己的終極求救訊號。

Question Q．自愛的養育是什麼？

我已說過自我厭惡的養育是「否定孩子的靈魂」，那麼自愛的養育又是什麼呢？其實，這甚至說不上是養育，而是和孩子一起生活，只有孩子成長，這樣的想法就是養育。

這種單方面的人際關係，當然不正常。**父母和孩子一起長大，才是正常的關係；父母成長，孩子也跟著成長，這是通往自愛的路**。為此，父母必須去體會孩子的感受，不然就無法對話。所以父母一定要有能力體會自己的感覺，意思就是說，父母必須先學習離開自我厭惡、才能讓養育走向自愛。

answer

A

察覺自己的感情，並且去理解孩子想法

倘若父母被自我厭惡牽著鼻子走，沒有感覺的能力，親子一定都會陷入自我厭惡的陷阱。不知道自己的想法或是會對孩子傳送出矛盾訊息的人，也可以採用盡早把孩子送進托兒所的方法。只要有好的老師，就能用比自我厭惡的父母更好的方式照顧孩子。除此之外，和同儕朋友的溝通也能讓孩子成長。

在日本，不知道為什麼會有「孩子在三歲以前，應該要由父母親自照顧」這種迷信，如果父母親不正常，這招根本就沒用。自我厭惡的父母也可能會因為無法控制孩子而感到壓力，使虐兒的風險不斷提高。

為了不讓育兒成為「填補父母自我厭惡的洞」，即使是嬰幼兒，也應該在白天

就去托兒所，父母才能重拾從容。舉例來說，在瑞典把才剛滿一歲的孩子送進托兒所是很平常的事。因為他們認為，這樣可以協助孩子成長和社會化。

小心地守護孩子靈魂的同時，也不要抑制自己的靈魂。父母能踏上自愛之路，才能養育出自愛的孩子。

Question

Q．如何與束縛孩子的父母親相處？

那麼，如果已經長大成人了，還一直受到沒有惡意的加害者（也就是父母）找麻煩的話，又該如何面對呢？

首先能說的就是，**說服是沒有用的**。因為一心以為自己可以控制孩子的父母，不管發生什麼事都不會被孩子控制。所以往往這種時候只能給予「衝擊」了，只能讓他們直接體驗「孩子是無法控制的存在」。

這我也在第八十四頁的部分說過了，要走出自我厭惡的死巷，只能讓父母去面對無法控制的狀況。以我來說，在我的父母反對我離婚的時候，我就跟他們斷了聯絡，至今已經超過十年沒有見面。我懷疑，我的父母，尤其是母親，已經把我從記憶中刪掉了。因為本來她的目標就是當個「正確的母親」，而不是「給孩子母愛」，所以會無法容許孩子離婚。

除此之外，最近我平常也會穿女裝，我還會穿著女裝上電視，但是她應該不可能接受「兒子穿女裝」這件事，因為她原本就是個覺得「男孩比女孩有養育價值」的人（大概是「把兒子送上戰場」會讓她在無意識之間覺得比較有價值吧）。

當然，我也不是為了騷擾母親才穿女裝，而是這樣裝扮比較舒服，能讓心情穩定，不過如果說我完全沒有「想給予母親衝擊」的念頭，那就是說謊了，因為我想我的意圖應該成功了。

如果你也為自我厭惡所苦，或許可以回想一下孩提時代的父母與你之間的關係，以整理記憶庫存的心情，不限於親子之間，試著回想所有孩提時代的溝通：有什麼幼年時的場景還留在你的記憶中呢？和現在的痛苦有沒有關係呢？

這樣自問自答很有效。你的腦海中會浮現什麼樣的記憶呢？

第4章・生存篇

邁向自愛之路，所能做的事

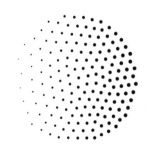

不論有多堅強，
人都是需要依賴的生物。

Question

Q．在充滿自我厭惡的世界中能做什麼？

美國流行巨星麥可傑克森（Michael Joseph Jackson）於二〇〇九年六月逝世，過了半年後，我突然對麥可的音樂上癮並開始研究他的思想，其成果整理在《[1]麥可傑克森的思想》（Artes Publishing，二〇一六年出版）這本書中。他的作品表現出的，正是如何在這個充滿自我厭惡的世界活下來而進行的改革思維。在此我想先提一下他的傑作之一《[2]鬼府神宮》這部長達約三十九分鐘的短片。

麥可扮演的邁斯卓（Maestro）是魔法師，他會把幽靈叫出來給孩子們看，讓孩子們開心得不得了。叫出來後邁斯卓會對孩子們這麼說：「不可以把這件事告訴大人喔！」在這群孩子中有一對兄弟，哥哥常被母親打，所以不相信母親；弟弟很受母親疼愛，因此很相信母親。

有一天，弟弟告訴母親：「大家討厭的那個邁斯卓，他其實是個很棒的人喔！」然後忍不住將麥斯卓使出的魔法告訴母親。

結果母親到處宣告：「那個邁斯卓做了很可怕的事情欺騙孩子。」就這樣，人們在市長的帶領下來到邁斯卓家，試圖將邁斯卓趕出去。

弟弟控訴：「邁斯卓什麼壞事都沒做。他沒有傷害任何人，你們不要這樣啦！」

哥哥打了弟弟：「誰叫你要說出來！」

母親見狀說：「他做的是正確的事，你不可以打你弟弟。」然後也打了哥哥。

這裡用非常淺顯易懂的方式展現出那位母親的暴力：弟弟因為信賴母親，才說

1．此書目前台灣尚未代理出版。

2．原文《Ghosts》或譯作《鬼怪》，由麥可傑克森、史坦溫斯頓（Stan Winston），以及史蒂芬金（Stephen King）共同創作。融合三首於一九九七年混音選輯《Blood on the Dance Floor: HIStory in the Mix》中的歌曲：〈2 Bad〉、〈Is It Scary?〉與〈Ghosts〉，是個長達約39分鐘的音樂錄影帶。

出邁斯卓的事，但母親背叛了他。但她卻不承認自己的行動是背叛，認為弟弟是想要把邁斯卓趕出去，才會從事間諜活動，最後又打了哥哥。**這種掉包事實的手法是暴力，非常嚴重的暴力**。

真實世界的親子關係中，是不是也常發生和類似的情況呢？舉例來說，放學回家的孩子對母親說：「○○做了這樣的事。」結果母親就利用這一點，開始說○○和○○家的壞話。以結果來說，孩子成為母親的間諜，在母親所相信的「正確的世界」之中，有個「壞的世界」，而孩子就是潛入「壞的世界」的間諜。

說話的孩子只不過是把學校發生的事情說出來罷了，但透過母親的眼睛來看，卻成了間諜。這種掉包常在日常生活中發生，在樣充滿矛盾的世界裡，我們該如何自處呢？在該短片中，邁斯卓用魔法救了自己和孩子們，而這個魔法並不是只能出現在電影中。我們所在的世界也存在著魔法，沒有魔法，我們將無法戰鬥。藝術、音樂等任何震撼人心的東西，都可以是魔法。

answer

A・體驗魔法

這部短片《鬼府神宮》可以在YouTube觀賞完整版，請各位用自己的眼睛，體驗一下「魔法的世界」。

我在第五十八頁介紹烏拉圭的穆西卡總統，他的話語、生存方式帶來了全球性的衝擊，尤其是那副歷經風霜的面容，我覺得那就是能感動人心的魔法。

大家有聽過甘地在印度進行的「食鹽進軍」嗎？「食鹽進軍」[3]是印度獨立運動對抗英國帝國主義的重要轉捩點。甘地為反對英國殖民政府的食鹽專營法，選擇以徒步的方式朝海岸走，掀起這場活動的序幕。其實他們的運動曾一度陷入瓶

3. 該抗爭運動為甘地帶領群眾步行至海邊，親自煮海水以取得鹽。為期共二十四天，步行約三百九十公里。甘地維持自己「非暴力、不合作」的一貫主張，獲得印度不少民眾支持。一九三〇年四月，英國殖民政府迫於輿論壓力，同意廢除《食鹽專營法》。

頸，為了有所突破，甘地才開始行走。

「你要去哪裡呢？」大家追著甘地詢問道。

「我要去製鹽。」甘地回答。

「食鹽的專營？針對這種事有什麼意義嗎？」

每個人原本都這麼想。當時的氣氛原本是「已經沒有意義了，別再做下去了。」但轉眼間，眾多的人潮開始跟著甘地一起走，他們擠滿了海岸，然後開始在海岸製鹽。這場運動最後擴展到印度全國。

一個人的小小行動，會變成漩渦，然後發展成影響世界歷史的大事件。我認為這就是魔法。

answer

A. 利用感動和幽默改變周遭狀況的力量

促成這場對抗英國帝國主義，改變世界的大事，當然只有像甘地這種等級的大魔法師才能施展出來。不過，如果是讓周遭的氣氛稍微緩和的魔法，我們應該也行吧？舉例來說，某部漫畫裡有「在充滿高壓氣氛的會議中，課長故意放了一個大屁」這樣的情節，像課長這種「活絡沉悶地空氣」的行為，也是小小的魔法。

有各式各樣的方法可以開啟自愛的道路，魔法是其中最有力道的選擇。在英國，這種能力叫做「幽默感」，這是在維持社會運作時非常重要的能力。甘地大概是向英國學了這一點，用幽默的力量來呈現現狀的不正常，才能使之改變。

Question

Q・怎麼做才能施展魔法？

為了開啟自愛的道路，要讓感情和身體連線，這我在前面已經說過了。而其實這也是很棒的魔法。

「就是這個！」當自己的腦海中突然浮現這樣的想法時，不要就這樣放著不管，試著順應自己的心去做做看。**不是看他人的臉色，心想這樣做比較好，而是相信當下自己想做這個的直覺，並且付諸行動**。就算有可能悖離常規，也要先行動看看，享受從中產生的交互作用（衝突也包含在內）。這種「存在方式」，會成為舒緩周遭狀況的魔法。

answer

A・靠直覺行動

以結果來說，我的女裝行為可能也變成了魔法。當然，我不是原本就打算施魔法，只是追求自己的舒適而已。這裡有一個重點，那就是我斷然拒絕接受蔑視女裝的視線。通常，男性以女性的穿著打扮登場時，常常會遭到白眼。但是我不接受這些白眼，「白眼的你才奇怪吧？」我會這麼覺得。而實際上，也不是每個人都給我白眼，只有少數部份的人而已。**用白眼看人的原因不是出在我身上，而是那個人本身的問題**，這就是我的結論。

我的這種「存在方式」，對僵硬的社會體制來說，應該也可以算是魔法吧！即使我從來沒有想過要施魔法，只是靠直覺在貫徹自己喜歡的風格罷了。總之，只要這個行為造成世上常軌的軸心偏移，就會變成魔法。

Question Q・魔法會如何改變周遭？

人們常說「抓住運氣」、「掌握脈動」，我認為這些說法的起源也是「做自己想做的事」。**嘗試做自己想做的事，於從此開始的脈動中，一邊激起漩渦，一邊將之擴大，這就是革新的本質**。重要的是隨著自己的直覺行動，觀察是否能成為好的脈動、完整的漩渦。

「身旁的人會認可這樣的行動嗎？」一旦有這樣的想法，激起的漩渦就會立刻停止。因為行動的意念會從漩渦轉移到他人的眼光上，接著就會依照他人的眼光行動。互相依照直覺行動、互相覺得有趣、互相學習以及互相作用的時候，就能讓漩渦擴大。

話雖如此，對於自我厭惡過強的人來說，依照直覺行動本身是很困難的，這種時候，請思考該如何解除自己心靈的限制。首先，**不要在意身旁人們的評價，直接去做腦中浮現的事**。

舉例來說，假設某個社團的人全都不想當會計，但表明自己不想當，應該會被其他人所討厭，畢竟誰都不想被排斥，也不想被當成任性的人。在這樣互相牽制的氣氛中，試著由自己先來解除「不想被人覺得自己很任性」的限制。

「我不想當會計。」話一說出，漩渦就會從此開始。這或許是任性的漩渦，但一旦有人說出自己真正的想法，就能突破緊張的現狀。

「那大家一起分擔呢？」、「真的需要會計嗎？」彷彿骨牌效應一般，事態開始滾動起來，結果發現問題其實沒想像中困難的事例非常多。

這正可說是從自我厭惡的漩渦，轉變為自愛漩渦的瞬間，光是一個人變得自愛，可以讓狀況一舉改變。

answer

A.

只要有人先開啟自愛的開關，身旁人們的創造性都會因而展現。

這就是「魔法」。在沒有魔法的地方，將無法產生具創造性及價值的事物，緊綳的自我厭惡漩渦也無法創造出任何新價值。

Question
Q・施展魔法的訣竅是什麼？

當自愛的道路開啟並與直覺連線後，就會發生不可思議的現象。在此請容我炫耀一下我的事例。有一次，我發現荷蘭哲學家[4]史賓諾沙（Baruch de Spinoza）的《依幾何次序所證倫理學》的日文版翻譯有錯，而且還是研究史賓諾沙的學者們不停議論的知名段落。當然，我既不是專門研究史賓諾沙的人，也看不懂原文書的拉丁文，可是在讀日文版的時候，我直覺地感覺到不流暢的地方，當確信「奇怪的地方」後，便仔細地分析拉丁文，最後找到全新的合理解釋。

同樣的情況也曾發生在《小王子》上，我雖看不懂法文，但還是邊查字典邊讀裡面的內容，也看了[5]聖修伯里（Antoine Marie Jean-Baptiste Roger, comte de Saint-Exupéry）的相關文獻，結果發覺一些解釋上的錯誤。我的研究在法國被廣為討論，還登上《Le Point》雜誌。這個研究是在《[6]誰殺了小王子 —— 道德騷擾的陷阱》（明石書店，二〇一四年出版）這本書中進行發表。

這個現象並非只發生在我身上，要將意識集中在機運的脈動，而不是內容，這麼一來，就能看見脈動中不流暢的地方，並會帶來新的發現。最重要的是，不要對「不知道的地方」、「覺得怪怪的地方」視若無睹，要停下來去發現那些新的價值。

4．西方近代哲學史重要的理性主義者，與笛卡兒和萊布尼茲齊名。
5．《小王子》的作者。
6．台灣尚未代理出版。

answer

A. 察覺到不尋常的地方，就要停下來

不假裝自己什麼事都懂，是非常必要且重要的，這不只是限於學問，人際間的相處也一樣。在與人說話時大家是否有過，明明聽不懂對方在說什麼，卻在不知不覺間隨口說出「原來如此」的經驗呢？

在這種時候，我們應該要有停下來問：「那是什麼意思？」的勇氣。請不要忽視自己心中「好像有點怪」、「我不太懂」的小小聲音，試著探究自己心中的疙瘩背後有著什麼樣的背景，比如：這樣怪怪的感覺只是因為自己無法理解而已嗎？還是這個人說的話本身就有問題？

這樣應該能讓你的自愛之路，更為清楚明確。

Question

Q・要如何做到順其自然？

前面有提到順著機運的脈動，不過自我厭惡的人，是絕對無法做到的，因為不離開自己的框限，脈動就不會出現；不脫離「非這麼做不可」，進入「雖然搞不清楚情況，不過總之只能行動」的狀態，也仍無法掌握脈動。**對於嘗試自己不熟悉的事物，自我厭惡的人真的很難做到。**

在談到親子關係部分時，我曾經說過，將「產生想做某件事的心情，視為自己就是壞孩子」這種無意識的心理狀態，就是自我厭惡的源頭。然而當事人卻無法察覺，想做某件事的那個心情，其實才是真的。

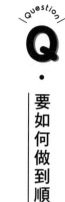

answer

A・察覺疙瘩的真面目

疙瘩一旦萌生，人就會拚命找理由，「太魯莽了」、「就跟你說我絕對會失敗」、「誰要負責」、「用不著那麼急吧」……等等，放棄好不容易捉到的脈動，或是在疑神疑鬼的狀態下進行，最後觸礁。然後就會發誓不再如此輕舉妄動。

自我厭惡的人就像這樣，在順著自我意識的時候，總是很容易踩剎車，或許也有人會誤以為，自己常照著別人的指示去做，算是比較順其自然的人，所以沒問題，但「順其自然」和「交給他人判斷」完全是兩碼子事。

請別忘了，掌舵生存的人，是你自己。

Question

Q．由自己掌舵的生存方法是什麼？

「如果順其自然的話，不就不能由自己掌舵了嗎？」大家或許會這麼想，但其實恰恰相反，正因為是由自己掌舵，才能順其自然。雖然不知道會漂流到哪裡，不過因掌舵的還是自己，所以不用擔心。不是選擇的問題，而是態度的問題。

不交給別人，靠自己親手掌舵，這樣的態度才能開啟你的自愛之路，為你帶來自由。不從屬於任何人，也不讓任何人從屬於你，只靠自己握住自己的舵，這樣的生存方式，就能創造出魔法。

answer

A・獲得自由，並享受其中樂趣

如果過去未曾親手掌舵，確實會感到害怕，但是能掌舵自己的生活，真的非常有趣。從每天的一點小事開始，例如「在咖啡廳喝什麼」這樣的瑣事，也試著靠自己決定，累積這樣的體會，應該就能自信地養成由自己決定的習慣。

不過，這麼一來不就會產生「責任」嗎？或許有人會有這樣的想法，並因此打退堂鼓。但我認為，**人類這種無力的存在，本來就沒有能力負什麼責任。實際上發生的，是別人以責任為藉口發動的攻擊；我們真正害怕的不是責任這種抽象的東西，而是來自他人的具體攻擊**。

在來自於自愛的網絡中，不會產生這樣的攻擊。所以這個時候，大家只要帶著信心前進就好了。

Question

Q．把「自己想做的事」當成最優先？

若不由自己主控，當機會來臨時也會無法掌握，要搭上好的機運脈動，時機和速度是很重要的。就算遇到想做的事或可以交出成果的工作，如果因為害怕而沒有跟上，就什麼都得不到。

如果時間都花在該做的事、周遭人們期待你做的事、還有為了守住立場而必須做的事上，一旦你自己需要的機運來臨時，也會無法全身投入。要做該做的事當然沒問題，可是在緊要關頭來臨時，能不能做出放下這些事的判斷，是很重要的。這個時候能否以「自己想做的事」為最優先？能不能調整「該做的事」的優先順序？要是被「該做的事」絆住，在「想做的事」的機運來臨時拖拖拉拉，就會被機運甩掉了。

平常容易受到束縛的人更是如此，明明沒必要卻聽別人的話去做的工作，或因為惰性鄉愿而持續的人際關係，這些都要斬斷。「因為對方可能會給我工作，所以我就暫時先跟對方交際應酬。」、「雖然很無聊，不過既然對方邀請我了，我就先去看看吧！」要是一直這麼做，等遇到真正有趣的事情時，就會從機運中跌落了。

斬斷束縛能不能生存下去？這的確是會令人擔心的事，大家可能會擔心沒有工作之後會活不下去。如果是在封建時代，試圖活出自己人生的人，是可能很快就會死掉。舉例來說，女性若想著「這個家我待不下去」而離家出走，也許馬上就會遇到山賊，被賣到妓院去，類似這樣的情況應該很多。

但現代人若想活出自己的人生，應該很難死掉啊！要陷入「活不下去」的狀態，是相當困難的事。

answer

A・不可能活不下去啦

大家知道人一年要吃多少米嗎？吃得再多也只有大約一百二十公斤。就算吃十公斤四千日圓（約台幣一千一佰元）的良質米，只要四萬八千日圓（約台幣一萬三千二佰元），也就是一年花四萬八千日圓，就能吃飽。房子也一樣，到鄉下去找的話，一個月房租只要一萬日圓（約台幣二千七佰元）的地方多得是。考量到電費什麼的，說真的，一年大概有五十萬日幣（約台幣十三萬七千三百八十元），就能活下去。

一年花五十萬日幣，就有辦法活下去。有用網路賺錢的方法，也有輸入資料、校正等能在家做的工作吧。所以，只要自己耕地種田或是摘野草，實質上就能果腹。在現代社會，人們要因為貧窮而死是非常困難的。畢竟現代社會的基礎很豐富，和江戶時代完全不同。

我認識一位藝術家叫藤浩志，他年輕時期有個作品叫「Desert of rice（米砂漠）」。因為聽到夥伴說「為了五斗米折腰」這句話，他感到不悅，便把一個月的薪水全拿來買米。結果竟然買到一噸的米。接著，他租了大樓的一間房間，把這些米全鋪在地板上當成作品，然後質問大家：「這是用一個月的薪水能買到的米。為什麼要說『為了五斗米折腰』這種話？」

Question

Q・口袋空空是不是就容易依賴別人？

與其說討厭沒錢，「討厭因為沒錢而被人瞧不起」這樣想的人才應該占多數吧！假設你現在口袋空空，這個時候有人約你去喝酒，你想去但是沒錢，你可以試著詢問對方：「我想去，可是沒錢，這次可以請我嗎？」

這麼一來，朋友就會分成說「沒關係」，還是約你參加的類型；以及說「真是莫名其妙」的類型。後者的人，其實就是不需要繼續交下去的朋友。而前者說「沒關係」的人，搞不好還會在見面時，介紹工作給你。

應該有人會覺得，那不就只是在依賴別人嗎？在我的拙作《生存技法》之中有寫到，能主動說出「請幫助我」時，人就自立了，這受到非常多的反駁。有很多人認為，活到現在沒給人添過麻煩，都是靠自己努力，為什麼說「請幫助我」比較好？

許多人覺得不依賴任何人就是自立，可是那是誤解，**依賴許多人才是自立**。

answer

A・能開口求救，才能自立

發現這個原理的是經濟學家中村尚司，他徹底思考了所謂自立是什麼，並得到這個答案。他所寫的論文提點，被收錄在《參加型開發——成為窮人當主角的開發》（日本評論社，二〇〇二年出版）這本書裡。中村在裡面提到：自立是指依賴的對象增加。通常人們會覺得自立是減少依賴，但如果這樣一直減少依賴下去，又會怎麼樣呢？**不論有多堅強，人都是需要依賴的生物，甚至有少數人反而會因為減少依賴對象，而加重依賴的比重**，與其這樣，我們應該去依賴多一點的人。

當然，我並不是說什麼都去依賴人，而是**真正有困難的時候，不要一個人扛著，要適當表達出「請幫助我」**。也就是說，在自己有困難時去請求幫助，才是自立的一種表現。

Question

Q．什麼是正確的依賴關係？

在依賴的階段，如果對方「答應被依賴」，就是雙方面的依賴。乍看之下，這或許會讓人覺得是「共依存症」，不過其實完全不同。共依存症是支配與被支配間互等的關係，表面上看似互相依賴，其實是一方支配另一方，而且兩者都無法從這個關係中逃脫。

然而**正確的依賴，是雙方經常互相學習、持續變化，不阻礙其中一方表達「不」的想法。**

answer

A・能互相說「不」才是「正確的依賴」

當對方開口借錢時，如果你心裡不想借就不會借；但如果彼此的關係讓你覺得沒問題，你就會大方借出，這麼一來不僅對方會感謝你，下次輪到自己有困難的時候，自然也可以依賴對方。當然，也有「絕對不借」這種風險管理的方法，也就是絕對不讓他人依賴、自己也絕不依賴他人。但建立「有困難時互相幫助」的關係，對於不知道什麼時候會碰到困難的人類來說，才是更有效的風險管理。讓對方依賴也是一種賭注，雖然，賭注也有可能是失敗的（因此收回不來）。

因此，我們只能和會歸還、能信賴的人建立「正確的依賴」關係，也包含能對彼此說「不」的關係。倘若有這樣的對象，就要盡量互相使用，因為在對方身上下的賭注越多，信賴關係就會越深。

Question

Q．如何找到能夠信賴的人？

這裡的問題，是如何締結正確的依賴關係，找到值得信賴的對象。這必須花費成本、時間以及累積失敗，而且真的只能靠「下賭注」來學習。

還有另一點該注意的，就是不要以「因為是這間大學畢業的」、「因為在這家企業上班」等為基準來下賭注。東京大學也有很奇葩的人，在核能電廠事故後，大家也知道不是東京電力公司就一定能信任。不僅如此，有些頭銜很棒的人反而會覺得沒必要提升自己的人格信賴度，所以會安於頭銜，難以陶冶人格。

有頭銜或地位比較好、想要爬到更高的位置，這種遵循「領土擴張模式」的人，就會為了自己的目的壓榨別人。陷入「領土擴張模式」的原因，就是根本存在著自我厭惡，所以對這種人來說，用來填滿自己傷口的最佳犧牲品，就是希望對方是有頭銜、有地位的自我厭惡者。因此，就算接受這種「領土擴張模式」類人的依賴，也只會一直被壓榨，無法回本。

要看清誰才是足以信賴的對象，只能順從自己的感覺。

answer

A・順從自己的感覺

首先，要先試著信賴感覺對方是個「人不錯」的人，而不是「頭銜和地位亮眼」的人。接著，如果跟這個人在一起的時候不會情緒亢奮，總是感到心情平靜的話，這個人對你而言應該就是足以信賴的人。

如此建立正確的依賴關係，就是通往自愛的入口，同時也是終點。

Question

Q・邁向自愛的方法是什麼？

我在前面提到，自我厭惡的人很容易被壓榨，讓我再稍微說明一下。受自我厭惡所苦的人，會覺得自己沒有價值，總是抱持著對「存在」這件事情本身的罪惡感，抱持這種罪惡感的人一旦受到刺激，什麼都做得出來。舉例來說，研究室雇用工讀生來打工，但如果放著他們不管，他們什麼事都不會主動去做。相反地，有很多學生明明不是被雇來打工的，但是光是被指派工作，他們就會興高采烈地去做，只要被分派到工作，他們就會樂意地當免費勞工。

因為這些人本來內心就充滿自我厭惡（或罪惡感），一想到能自己能派上用場、守住立場，就會鬆一口氣。只要巧妙刺激這種心性，即可無限壓榨他們。對於壓榨他人不眨眼的人來說，這種人毫無疑問是最佳的犧牲品，而且還會開開心心地接受。

在公司的組織裡，常能看見用「你要派得上用場」這句話來壓榨的情況：「你是副課長，應該甘願免費加班吧。」「你是打工組長，這種事情要忍下來。」

套用在人際關係上則是：「我們是朋友，這點小事你應該願意為我做吧？」

看到這也許有人會想，這跟「正確的依賴」有什麼不一樣呢？兩者當然完全不同。「我們是朋友」的說法，是先看到兩人之間的朋友關係，再以「你沒有做到符合朋友關係的行為，所以你必須去做」來要脅對方、不允許對方說不；「我有困難，請幫助我」則是正確的依賴，先把自己丟出去，交由對方自由決定「是或否」的意願。

日本人都被訓練成答應前者，但應該要斷然拒絕，只回應後者才是。這麼一來，才能接近自愛。

但要是開口求救，結果反而被嘲笑怎麼辦？拜託，趕快脫離這種自我厭惡模式吧！只有試著果斷求救（說出「我有困難，請幫助我」），將自己交給對方，你才能真的順其自然，才能邁向自愛。正因為「想做〇〇」的心情不是假的，你才能安心地委身於對方。

answer

A・自己掌舵，但要委身於對方

令人玩味的機運脈動就此展開，甚至形成了發酵效應，回過神來，你已經順勢到達自己想去的世界。想不想踏上這種獲得自由的旅程呢？

結語

我的前一本拙作《生存技法》是參考小島直子的書，並根據中村尚司發現的「自立就是依賴」原理，試著導出的生存學問。我在該書第七章中寫到：「一心以為自己是壞孩子就是自我厭惡」，就是全書的第二宗旨。不過，有讀者表示那一章的邏輯進展太快，跟不上，所以我才又寫了這本書。我在本書分層議論、深掘含意，只要和《生存技法》一起閱讀，我確信一定能加深理解。

困擾了我半世紀的宿敵「自我厭惡」，我在本書中濃縮了和它的苦戰經歷。希望大家能活用並與之對抗。我相信，人們若一直被自我厭惡牽著鼻子走，過著偽裝的人生，日積月累之後將會演變為巨大的暴力，破壞人類社會和地球環境。所以對抗自我厭惡，就是拯救人類和地球的最前線。

致謝

能夠快樂地寫書，真的相當難得。要是很仔細地寫，頁數就會越來越多，想要讓內容有所進展，反而會停滯不前，也常會失去動力。超愛邏輯思考的我，往往會在開始寫之後停不下來，以彷彿雲霄飛車般的速率來寫書。我自己是非常滿意，編輯也都很開心，可是讀者卻好像跟不太上。

寫這本書的契機，是每年都在研討會中讓學生們讀《生存技法》的竹端寬（山梨學院大學法學部教授），他整理出學生們不懂的部分，來問我許多問題。我說明後竹端先生再追問，在這樣的問答間，便出現了「這很有趣，想把這些對話寫成書」的想法。如果沒有那些學生的回應，本書也就不會問世。

在進行這些對話之後不久，大和出版的御友貴子小姐便向我邀稿，說想編成書。我開出「先由御友小姐根據我和竹端先生的對話寫草稿，再由兩個人一起訂正。不過，所有人都要去參加馬療法，還要一起住溫泉旅館，三個人一邊快樂地聊天，一邊做書」這樣的條件。我認為是大和出版社答應這些條件，本書才能快樂地以超快速度完成。為什麼我會提出這樣的條件？我想看完本書之後，大家應該就能理解了。

還有，向御友小姐和竹端先生詳細說明這個陷阱的，是大阪大學經濟學研究科的助教深尾葉子，如果沒有她的指教，本書一定會成為不賣座的書。不僅一手接下這份艱困的工作、寫出非常傑出的原稿，還自己編輯的御友小姐，工作表現真是氣勢勇猛。

最後，希望能有很多人看到這本書。

二〇一六年七月十日　一邊聽著參議院選舉開票速報

安富步

文經社

文經文庫 321

你活得很累，都是自我厭惡害的：
46 個教你逃脫世俗束縛，活出真實自我的方法

あなたが生きづらいのは「自己嫌悪」のせいである。
他人に支配されず、自由に生きる技術

作　　者 | 安富 步
翻　　譯 | 羊恩媺
責任編輯 | 連欣華
校　　潤 | 闕 寧
美術設計 | 李岱玲

主　　編 | 謝昭儀
副 主 編 | 連欣華
印　　刷 | 勁達印刷廠

出 版 社 | 文經出版社有限公司
地　　址 | 24158 新北市三重區光復路一段 61 巷 27 號 11 樓 A（鴻運大樓）
電　　話 | （02）2278-3158
傳　　真 | （02）2278-3168
E - mail | cosmax27@ms76.hinet.net

法律顧問 | 鄭玉燦律師（02）291-55229

發 行 日 | 2018 年 10 月 初版一刷
定　　價 | 新台幣 320 元

國家圖書館出版品預行編目(CIP)資料

你活得很累，都是自我厭惡害的：46 個教你逃脫世俗束縛，活出真實自我的方法 / 安富步作．-- 初版．-- 新北市：文經社，2018.10 面；公分
ISBN 978-957-663-770-4（平裝）
1. 自我肯定 2. 自我實現
177.2　　107014747